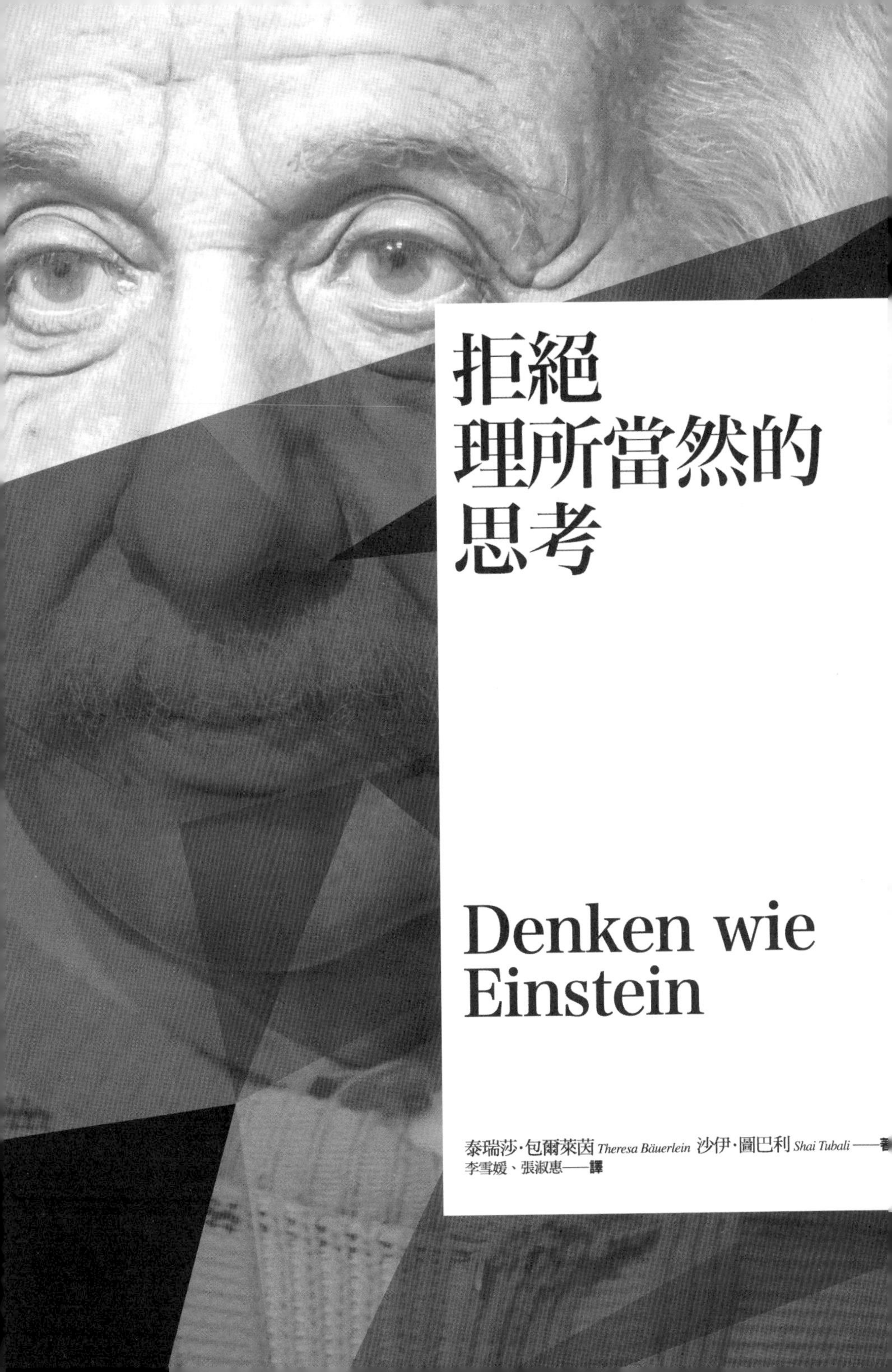

拒絕理所當然的思考

Denken wie Einstein

泰瑞莎·包爾萊茵 *Theresa Bäuerlein* 沙伊·圖巴利 *Shai Tubali* ——著
李雪媛、張淑惠——譯

目錄

序言

人人都知道幾個關於偉大思想家有了新發現那一刻的傳聞軼事：例如阿基米德（Archimedes）當下就跳出浴缸，一邊大喊著「Heureka！」（我找到了），一邊光著身子衝回家，對自己腦中的靈光乍現興奮透頂，連衣服都忘了穿；樹上掉下來的蘋果成了牛頓（Isaac Newton）發現地心引力定律的靈感來源（蠢萌版故事中，那顆蘋果還先砸中了他的頭）；阿爾伯特．愛因斯坦（Albert Einstein）則是在他柏林的公寓裡，看見一個人從鄰居屋頂上摔落下來的景象。我們不知道這些場景是否真的發生過，但大家卻一再津津樂道這些有趣的故事，因為我們經常試圖利用故事來抓住這些人類精神突然登上一種無法解釋、令人神迷的高峰，這樣的寶貴時刻。這些故事已經成為對絕妙創造力和不可理喻之事的一種象徵，深深烙印在人們心中。

然而有時候，我們卻遺忘了一個更重要的問題：到底在這些時刻之前發生過什麼事？無庸置疑，這些發明天才的腦中一定曾進行某種，也許他們自己都不總是那麼清楚的縝密思考流程。一些事物慢慢在深處有了雛形，也許無言、粗淺，但究竟這些人腦袋裡的思考方式有何特別之處？為何獨有他們才能思索出這些重要發現？

反觀我們這些才智平庸的普通人，往往根本不想嘗試了解天才如何思考；他們的靈感又是從何處而來。我們看待他們的眼光有如見到自然界中少數異類，既驚訝又無從理解，但不正是這種遙不可及，才讓偉大思想家有別於我們此等凡夫俗子嗎？

答案為是，也為否。偉大的思想家總有些平輩同儕，他們也忙著思索類似的問題，思考方式也不笨拙。譬如與愛因斯坦同期，就有幾位物理學家及數學家快要發現他的普遍相對論原則，他們研究同樣的公式，蒐集相似的數據，有時甚至連起步都一致。儘管如此，最後他們仍然沒跳出可能會找到決定性發現的最後一步。愛因斯坦卻說，他根本沒有超人的智慧，能發現相對論純粹是因為他會注意到日常生活中，那些通常只有小孩才會被吸引的現象，這即是重點。許多跡象顯示，最偉大的思想家只是思考方式與大多數人不同而已，同樣資訊在他們腦中會有不一樣的流程。這種思考方式是普通人能夠理解，也許甚至還能習得的。

我們正想找出那些大哲學家、科學家與思想家究竟是用什麼策略辦到建立理論這檔事的，他們如何能獲得知識並發現規則定律，對整個世界產生關鍵性的影響與改變。這當然是一項十分複雜艱鉅的任務，因為一個天才的新發現，其規模程度往往耀眼眩目，使人很難把焦點專注在特殊的精神因素，然而正是這個精神因素才有可能引導他們找到新發現。每當我們進行思考時，必須彼此不斷提醒，自己是在尋找一個發現者的靈魂特質，而不是觀察那些發現本身。一般人很容易迷失在佛洛伊德（Sigmund Freud）對潛意識模式的闡釋迷宮中，亦或對蘇格拉底（Sokrates）式的對話讚嘆不已，以致於忘記原來的目的。例如我們在籌備撰寫本書時便經常發生這種現象，但焦點其實是放在照亮思考的方式，而非思考的產物。誠然，每部作品都反映了原創者的思考，不過它仍舊是一個特殊思考過程最後的結晶，而此一思考過程才是我們想全心奉獻的重點。

在本書中，我們不僅要描述這些偉大的思考模式，同時更想縮短天才與讀者之間的思考距離。換句話說，我們的目的是要強調一般讀者至少是能夠學習到這種思考結構的一部分。一此看法對我們而言非常重要，否則閱讀本書便彷彿只是在遠處欣賞一位超級俊男或美女，一邊驚豔或嫉妒他出色外貌的同時，卻也感嘆自己永遠無法和俊男美女沾上一點邊，連想靠近他們一步都難，可能我們此等凡夫俗子中沒有一個人會在可預見的未來產出一個像查爾斯・達爾文（Charles Darwin）那般顛覆世界的發現，但若能將他的思考結構與我們的加以平衡調整，一定能找到蛛絲馬跡，使我們知道自己思考時犯了哪些錯誤，以及該如何改善。

此外，我們也捨棄了專挑歷史上名聲最響亮的天才來檢視這種老套做法，因為例如文藝復興時期的哲學家與天文學家喬丹諾．布魯諾（Giordano Bruno）就從未擁有過像伽利略（Galileo Galilei）那般崇高的歷史地位。而我們關注之處，正是由於他根本無需仰賴密集研究天文，便能知曉宇宙不但無窮無盡，而且沒有中心這項事實，令人拍案叫絕。所以除了如愛因斯坦及蘇格拉底這類名聲最盛的候選人外，我們也同意偶爾將眼光從那些鋒芒畢露的主角身上移開，去欣賞幾位較鮮為人知的「配角」人物。我們並非循著一般路線去尋找世人皆知的「天才」，而是發掘具有原創性與革新力量的思想家，因為他們也向世人證明了其創造力與敏銳的理解力，皆已超越本身的專業能力。我們想要找尋的是那些腦中有著豐厚、複雜，甚至是充滿詩意的思想世界，同時又能深度、敏銳思考的人，這類思想家的眼光往往似乎能夠看得特別遠，同時又想得比旁人更開闊。多虧了這份宏大的視野，他們才得以經常在這段人類開始自我感受，並慢慢學習如何看待這個世界的歷史進程中，重新定義形式與方法。

最後出爐的名單，由於得從一百位大思想家中做選擇，無法完全避免受到作者群個人好奇心所左右的結果。不過我們絕不會挑選那些沒令我們完全五體投地的人，因此讀者在這份名單中也會找到或許在他們專業領域之外不甚出名的人物，例如吉杜・克里希那穆提（Jiddu Krishnamurti）其實是一位在心靈哲學領域享譽全世界，但在一般公眾社會上卻幾乎不為人知的天才。而芭芭拉・麥克林托克（Barbara McClintock），若與瑪莉・居禮（Marie Curie）相比，我們可說又是一位名氣不大的學者。雖然如此，這些人的思考方式卻征服了我們的心，因此將他們也列為本書重要部份。

這樣做公平嗎？倘若我們這樣思考，便得捨棄像是牛頓或康德（Immanuel Kant）這些名留青史的重要人物。當然不公平。然而我們必須接受事實，世上不存在一份真正具有代表性或甚至完整的名單。

於是最後的名單上，有自然研究者、女性基因學家、物理學家、心理學家、藝術家與發明家。其餘五位則是各個不同類型的哲學家：唯物哲學家、心靈哲學家、科學哲學家、古典哲學家和一位政治哲學家。有趣又完全非刻意的結果是，其中四位，佛洛伊德、愛因斯坦、尼采（Friedrich Nietzsche）及漢娜・鄂蘭（Hannah Arendt）均來自德語系國家。後面將會提到，書中七位思想家若非生於十九世紀，就是二十世紀的人，只有蘇格拉底、喬丹諾・布魯諾和李奧納多・達文西（Leonardo da Vinci）三人活躍時間要更早。

我們沒有把某位大家列入其中，是希望能拓寬人格典型以及專業領域的描繪名單。例如我們看待牛頓，正是由於他的精神太接近他的「傳人」愛因斯坦。此外，我們不只一次因為無法找到足夠的史料，來檢視某位令人讚嘆的候選人其思維路線，而不得不將之捨棄。所以本書的主角名單並非按照時間年代順序安排，這對歷史上的大思想家而言也不甚公平。顯而易見地，相較於早期人物，十九及二十世紀思想家的內心世界非常容易記載並流傳下來，我們若想研究他們的思考過程就必須仰賴這些資料。

這方面問題尤其嚴重的是處理女性人物。此處使我們面臨到人類歷史上最令人哀傷的一頁，即人類有很長一段時間都不曾鼓勵女性勇於思考。不過數個世紀下來，一再出現勇敢的女性起身對抗既有現狀，例如希帕提婭（Hypatia）[1]或安妮・康維（Anne Conway）[2]、沙特萊侯爵夫人（Émilie du Châtelet）[3]或瑪莉・薩莫維爾（Mary Somerville）[4]等人。她們無視傳統，仍舊參與了宗法父權社會的心智生活，令人激賞佩服。甚至到了二十世紀，特別是上半葉，女性還必須傾全力進行權利抗爭。社會幾乎不允許她們佔據重要地位，她們的發現也經常遭到身旁男性竊奪。今天的傳記作者和歷史學家已在努力為這些女性平反，爭取她們真正應得的歷史地位。由於缺乏史料的事實，本書只能侷限在兩位生平與著作受到完整記載保存的二十世紀女性重要人物上。

我們如何精確地理解這些大思想家如何思考？單靠研究過的資料是無法找到答案的，無論資料再怎麼周全亦然。思考結構大多隱藏在字裡行間，我們可以在傳記資料中找到暗示與迴響。一段時日之後，便可研究出不同的可能性，從而發現思考方式的蹤跡：

首先我們將當事者的思考方式和其他傑出優秀、卻沒有相同發現的同儕平輩相比較。是什麼因素給予某人機會，其他人卻失敗了？簡而言之，為什麼是愛因斯坦，而不是普朗克（**Planck**）[5]？為什麼是布魯諾，而不是他那個時代「正宗」的天文學家？

此人如何描述自身知識發現過程？思考者萬馬沸騰的內在動力，往往會在與友人及同事的書信往來和日記中洩漏出蛛絲馬跡。同樣地，這些友人與同事也不時會提到自己的觀察。

我們也探尋將某個人不同發現與成績連結起來的共同基礎。乍看之下，有時其各項著作關聯性似乎不高，例如達文西的《最後的晚餐》（*Abendmahl*）以及他的地圖描繪。儘管如

1 譯者註：著名的希臘化古埃及亞歷山卓城女哲學家。
2 譯者註：十七世紀中葉時期英國倫敦女哲學家。
3 譯者註：十八世紀法國數學家、物理學家與哲學家，她也翻譯了牛頓的《自然哲學的數學原理》一書，並加上自己的評註。
4 譯者註：蘇格蘭女性數學家與天文學家。
5 譯者註：馬克斯・普朗克（Max Planck），德國物理學家，量子力學創始人，一九一八年諾貝爾物理學獎得主。

此，它們仍然是出自同一個大腦的產物。我們認為最重要的，就是找到串連這一切的線索。這條線索也是我們後來進行測驗的工具，看看我們研究出來的思考方式是否正確，只能在少數幾個發明或理論發現中成功運作嗎？或者全部符合？

思想家熱愛的嗜好與興趣也能提供我們一些線索，譬如心愛的音樂，或從事的休閒活動。像愛因斯坦就十分偏愛莫札特，而佛洛伊德蒐集古董的熱情也給了我們突破的線索。

有些思想家非常友善地自行描述了思考過程的直接感受及一步步的進展。在這些闡述背後，往往隱藏著另一個勤奮積極的研究者，會打破砂鍋問到底。而受問者為了努力形容自我的經歷，經常喜歡利用比喻說明，這對我們的理解大有助益，受用到我們決定把這些比喻應用在章節的標題上。

偶爾我們也嘗試透過這些思想家的眼睛去看待事物、觀察世界，就像他們做過的那樣。我們更擅用了自己的想像力（這是個本書許多主角都強烈推薦的逐步前進方式），只為了能讓我們親身接近他們的思考，嘗試體驗生命在他們眼中看來會是什麼樣貌。

每回當我們忙著搞懂一位大思想家的理解力時，便彷彿做了一趟嶄新世界之旅，且望不見這個新世界的地平線。我們大可替本書每一位人物的思考都寫一本書，好好認識並描述他的整個世界。但是辦不到，這也是為何我們無法將這些主角的傳記與著作徹底開屏、鉅細靡遺地分析的另一個原因。這一切都只是給原本上演的戲劇提供一個舞臺，獨一無二的思考機制使得這些人能夠按照他們所做過的那樣思考。

我們能夠拍胸脯保證說，每個我們證實的個別因素就是成就此人豐功偉業的關鍵嗎？答案極可能是否定的。似乎還有其他的「祕密配方」，讓一個人變成天才。儘管西蒙波娃（Simone de Beauvoirs）[6]努力宣揚「人非生來天才，而是被造就成天才」；有些書籍也真的主張，人人都能變成像達文西一樣的天才；至少我們懷疑，是否真的有些其他額外因素是天生使然呢？

同時，本書真正的英雄並非每一章的主角。這部作品的英雄是人類思考本身，讀者您個人和我們大家的思考，以及其潛能。重點在於，假如我們的思考力處於最佳狀態，便極度富有創意，並能產出驚人的發現。但還有一個重點是，假如我們的思考運作不佳，就有如一個牢籠，腦子怎麼轉也不出來。如此說來，正是基於這個因素，我們才要仔細探討這些思想家，一方面也出於對自己的興趣。我們的出發點是認為，他們至少在個人的專業領域中，都能百分之百發揮自身思考的潛力；同時也希望從中找到線索，知道如何能讓凡夫俗子發揮更

6 譯者註：二十世紀法國作家及存在主義哲學家。

大的智能。因此，我們關注的不僅是了解他們的思考方式，還要能複製這些思考方式（至少是一部分）。

因此我們刻意將每位人物的思考模式從他們身上抽離，再分別給他們一個標題（例如矛盾的思考或有機的思考），接著我們再拿另一個可以侷限範圍或降低錯誤發生的思考原則和它加以對照（例如抑或A，抑或B的思考；或者有距離的思考），希望利用這種比對方式，讓讀者能夠更容易自我反射。此外，我們也將這些思考原則，與許多富有啟發性，針對認知錯誤的研究成果相連結。讀者在每一章裡均可發現一個應該能更加清楚呈現您本人，或典型社會思考模式的部分，彷彿「較理想」的思考方式化身為一道強光，照射在我們典型的思考錯誤上，還有這些思考方式可以如何修正我們的錯誤。

即使本書的構想並非設計成給讀者的實用建議，不過您不時仍能找到一些建議與思考實驗，可以在閱讀中或閱讀後嘗試腦力激盪。當然，並非人人皆可仰賴本書的幫助就能搖身一變成為愛因斯坦二世。本書的觀念並不認為，在我們每個人之中都隱藏著一個小諾貝爾獎得主；目的也不在於發展出令人無法置信的特殊心智異稟，或能立刻說出圓周率小數點後第兩萬兩千五百個位數的數字。反倒在於，我們這些平庸之輩如何能從那些最偉大思想家身上學到思考和生活的方式。大家不可能都變成最耀眼的發明家，但可以修習到心靈方面的特殊能力、策略與技巧，讓我們看待世界與看待自己的眼光產生決定性的改變。

換言之：我們不需要是天才，也能像天才那樣思考。

泰瑞莎．包爾萊茵與沙伊．圖巴利

第一章

阿爾伯特・愛因斯坦

無言的思考，或像瞎了眼的金龜子那樣學習用眼睛看

請放心，我們並非第一個想要了解阿爾伯特・愛因斯坦思考方式的人，他的名號響亮到連小孩都會將他聯想到「天才」。毋庸置疑，對無數科學家與思想家而言，他更是爭相研究的對象；有些人甚至巴望能一窺愛因斯坦頭顱內部的究竟，這話說得一點都不誇張：一九五五年他辭世後，遺體經火化，撒放骨灰，唯獨腦袋卻如遊走的遺物般展開了一趟古怪之旅。後來才爆出，美國普林斯頓醫院（Princeton Hospital）的病理學家湯瑪斯・哈維（Thomas Harvey）將愛因斯坦的腦袋祕密保存起來，並做了防腐處理。縱然愛因斯坦的家人又驚又怒地反對，哈維卻以學術研究的利益之名，堅持要檢查他的腦袋。由於家人無所適從，不知如何因應，遂任由事情發展，於是哈維便成了腦袋的主人，憑個人好惡偶爾寄出切片或塊狀組織送檢。

共約十來個科學家享有准許檢驗愛氏腦袋的特權；然而只有其中三位發表了值得重視的研究報告。第一份是在一九八五年由瑪麗安・黛亞蒙（Marian Diamond）所領導的柏克萊（Berkeley）研究團隊所發表，他們一共研究過四塊方糖大小的愛因斯坦腦組織，發現負責愛因斯坦高效率思考的大腦皮質中，某個區域的神經膠質細胞數目，比一般人的神經元平均數目要高出許多。神經膠質細胞是保護神經纖維的細胞，它們彼此獨立，需要含有豐富能量的新陳代謝產物補給。這就表示，愛因斯坦的「神經元需要更多能量，也消耗更多能量」。[1]

然而，並沒有其他出類拔萃的科學家，能夠提供腦袋讓我們加以分析比較；因此就愛因斯坦的思考能力來說，我們也不知道這項事實是否擁有夠強的說服力。此外，也無人能證明這個特點就是愛因斯坦聰明的原因，或者根本就是由於愛因斯坦大腦中的特定區域經過長年鍛煉所致。

第二份研究發表於一九九六年，據說愛因斯坦的腦皮層較一般人的為薄，而且神經元的密度又較一般人為高。不過現今最常被人引用的，卻是一九九九年的第三份，亦即最後一份研究。根據這份來自加拿大安大略省麥克馬斯特大學（McMaster University）珊卓拉・維特森（Sandra Witelson）教授團隊的研究指出，愛因斯坦大腦中的頂葉下半部比一般人超乎尋常地寬，這部份可能是專司數學及空間思考。此外他們還指出，某一條大約與耳齊高、穿越頂葉的特定腦溝縮短了。研究者相信，這可能就是導致額外神經串連的原因。

但是，正如華特・艾薩克森（Walter Isaacson）在一部最新的愛因斯坦傳記中所說，人們光在他的神經膠質細胞模型和腦溝裡翻來覆去，是無法理解「愛因斯坦的想像力與直覺」的。[2]

---

1 Marian Diamond, On the brain of a scientist, in: Experimental Neurology 88 (1985).

2 Walter Isaacson, Einstein. His life and his universe, New York u.a. 2007, P. 548.

受到其他思想家及研究學者的鼓舞刺激，愛因斯坦本人曾多次嘗試了解自身思考機制的運作方式。當幼子愛德華（Eduard）問爸爸為什麼會這麼出名時，愛因斯坦給了兒子一個栩栩如生的活潑解釋：「你看，假如一隻瞎眼金龜子在球的表面上爬行，牠就不會注意到自己走的路是彎曲的；而我卻注意到路是彎的。」[3]乍看這段故事也許令人摸不著頭緒，不過這幅簡單的畫面確實是打開愛因斯坦思考大門的鑰匙。接下來我們就循著這隻瞎眼金龜子的足跡，試著透過牠的眼睛去看、去理解，牠到底能看到什麼，以及原因何在。

光與它的兩個面向

一九〇〇年，愛因斯坦正在瑞士伯恩審核專利（而且腦中一邊祕密苦思著實驗），同時馬克斯．普朗克教授正在柏林進行一項實驗，這項實驗將會替愛因斯坦帶來第一個重大突破。

想必普朗克當時如坐針氈，他急欲找出一道能表示黑體吸收並輻射光線行為的公式。為了能正確描述實驗數據，他無法跳過在公式中加入一個常數的步驟。後人將這個常數命名為普朗克常數，它成為物理學上第三個基本自然常數。不過在那個當下，普朗克驚慌失措地抓抓頭想道：「這究竟是個什麼謎樣的因子，想偷偷混進他的公式中？它到底有沒有物理上的意義？」眼前明顯擺著一項證據，即黑體並非如他那個年代的物理學所假設的，會以規律的波浪狀輻射光線。他的研究結果可以證明，光線在特定條件狀態下會產生完全不同的行為，也就是變成個別發射的能量束。

普朗克是一位出類拔萃的科學家。我們不難想像，此刻他的腦中鐵定迅速閃過千思萬緒，亦即這項新認知可能帶來的一切後果。倘若這個反常現象是陳述光的基本特性，便可能會引發物理學界一次紮紮實實的大地震。而且這很可能是導致古典物理即將崩盤的連環地震，而古典物理卻一直是普朗克敬仰欽佩的。「啊，美好的十九世紀物理，在這個物理世界中，光線就是永遠不斷地完全放射……」現在他該拿這項令人惶恐的發現怎麼辦？它整個背離了完美的自然規律，是啊，似乎能將這個規律完全埋葬掉？普朗克寧願感受到地球在他的雙腳下搖晃，卻不能、也不願意接受這個矛盾事實。很快地，他便找到一條能殺出這個難堪處境的路。他並沒有把這項發現當成一次地震來處理，而當做因為一列火車剛剛駛過的緣故，地球彷彿只是稍微抖動一下。所以他逕自認為黑體是導致光線行為反常的罪魁禍首，便

[3] Boris G. Kuznecov, Einstein. Leben, Tod, Unsterblichkeit, Berlin 1977.

把整件事情就此了結。於是，他的公式並非描述光本身的自然現象，而僅是在這個特定狀態下出現的反應。至於公式中那個混亂尷尬的常數，普朗克決定它只是一個要突顯這種行為的數學伎倆。

普朗克一定不會相信，畢竟誰會想得到，這項造成他渾身不自在的發現，有一天竟然會發展茁壯成量子力學，一次物理學上的新革命？他熱愛「連續物質」（kontinuierliche Materie）的想像，他想要這麼思考，即新發現的「震動分子」（vibrierende Moleküle）或諧振子（harmonische Oszillatoren）[4]（他這麼稱呼能量束），只是一些和物理真實性毫無關連的現象。

我們完全能夠體會這個促使普朗克遲疑、不敢繼續大步向前邁進的原因。他不但要維護自己在大學受人尊重的地位；同時他和其他許多重量級科學家一樣，也喜好讓人感到穩定、安全的舊有思考結構。牛頓與其他十九世紀的物理學家塑造了這個宇宙是機械的、理性的想像。在這個安全、讓人信賴的世界秩序下，什麼都可以解釋，什麼都可以確定，什麼都可以預告。誰若膽敢動搖這個秩序，就必須先進入黑暗、未知的世界摸索，必須強迫全人類進入一個更不易理解、更不好控制的全新世界。

一位距離學術世界安全臂膀極其遙遠的伯恩市專利局公務員卻敢跳出這一步。阿爾伯特・愛因斯坦很快便了解普朗克研究的後果：「我將原有物理理論基礎去順應新認知的一切努力全都失敗了，這宛如把一個人腳下的土地都拔走了似的，眼見所及絲毫沒有踏踏實實、能夠讓我們在上面建立事物的土地。」[5]在一份一九〇五年公開的論文中，愛因斯坦踏出非常極端的一步，事後有人認為這是他畢生最大的發現。他將普朗克的數學架構逐字研究後得出，光的確是以能量量子的狀態放射，而且這和黑體毫無關連。因此他敢主張，光的這種行為並非異常，而是自然現象。同時他也強調，波浪理論仍然繼續成立，只有將兩個原則相互結合，才能完整解釋光的原理。於是他不但往普朗克已經點燃並仍在悶燒的煤炭裡吹氣，還升起一把熊熊烈火，燒光古典物理，也讓普朗克成了違反自身意志的革命家。普朗克終其餘生反對自己的發現，直到辭世前不久，他才解釋：「我嘗試想方設法，將作用量子加入古典理論中，延續多年，也耗掉我大量精力，終究徒勞無功。有些專業同儕卻在其中看到一種悲劇。」[6]

---

4 Jeremy Bernstein, Secrets of the Old One. Einstein, 1905, New York 2006, P. 157.

5 Jukka Maalampi, Die Weltlinie – Albert Einstein und die modern Physik, Berlin u.a. 2008, P. 168.

6 Hans Roos/ Armin Hermann (Hrsg.), Max Planck. Vorträge, Reden, Erinnerungen. Berlin u.a. 2001, P. 69.

普朗克全心全意期盼這項在他面前展開的新知識，能夠加入舊有並禁得起考驗的思想結構。相反地，即便愛因斯坦亦同感心痛，畢竟他也讚嘆牛頓的宇宙，卻能坦然接受舊有結構必定瓦解的事實。不過似乎這也是天才的性格特徵之一，無論這些知識再怎麼精彩絕倫，他們一定要能擺脫過氣知識的束縛。劃時代的發現都需要一個前提，就是發現者要能接受在已知與熟悉知識之外的事實真相。倘若他決定跟隨事實真相，就必須向前人尚未探索過的領域推進，大多數情況下這都會伴隨著某種恐懼感。但對於一位天才而言，那些能賦予我們安全感的事物卻是藩籬，是偉大發現之路上的障礙。天才看待舊有知識的眼光和我們大多數人看待父母的眼光是相同的，即我們感激父母為我們所做的一切，但總要離開安全的家庭暖巢，振翅高飛，自己去發現生命。

愛因斯坦往往既不是擁有開創性知識的第一人，也非唯一一人，然而他總是踏出別人不敢踏出的那一步。原因之一是，一旦舊有思考結構已經無法再描述現實，他也不怕將之摧毀。我們有必要先釐清這個能力的意義，即當慣有的思考模式不能再理解真相時，大多數人會怎麼做？我們會傾全力設法將新真相放在舊世界觀之下；或先不去考慮新事實是否會將舊世界觀推進混亂深淵？對愛因斯坦來說選項只有後者。諷刺的是，後來差點提出愛因斯坦晚期特殊相對論，但自己卻無法接受它的法國數學家昂利・龐加萊（Henri Poincaré）評論愛因斯坦時說：「他最令我欽佩的是，總能讓自己適應新的構思。他絕不會停留拘泥於古典原則，而且面對一個物理問題時，會迅速抓住面前所有展開的機會。」[7]

不過祕方還不只這點。普朗克與龐加萊寧願留在他們原有的思考模式，因為他們是以單面向的線性方式思考。他們思考時只能一次走一條路，顯然他們的理解力不夠靈活變通，無法走上「狂野」的道路。正如普朗克相信物質的「連續性」和光是不會中斷的波浪一樣，一切存在的物質，都會隨著一個穩定與清楚的方向而去，每個矛盾也一定若非有個立即又有效率的答案，就是一個讓人諒解的原因，或乾脆優雅而不著痕跡地跳過這個矛盾。相反地，愛因斯坦卻是多面向思考，他願意同時往不同思考方向發展，因此也不會避開路上的謬論與矛盾。對愛因斯坦而言，矛盾的作用反倒有如催化劑，幫助他理解更大、更多錯綜複雜的真相。對普朗克來說彷彿兩個樂器同時在發聲，演奏不同的旋律；在愛因斯坦的耳中，聽來卻猶如一首和諧的交響曲。

[7] Henri Poincaré, Empfehlungsschreiben für Einstein. Nov. 1911, in: Carl Seelig, Albert Einstein. A Documentary Biography. London 1956, P. 135.

一個跳舞的宇宙

愛因斯坦在發現光的自然法則引起物理學界革命之後，就停不下來了，他驚人的靈活思考機制，似乎想把宇宙中現存的物理學矛盾通通一網打盡。就像其傳記作者艾薩克森所形容的：「他有能力同時把兩個想法保存在腦中，假如他有預感兩者背後可能存在著一致性，便會驚愕困惑地觀察研究彼此間的矛盾。」[8]愛因斯坦就算對於要用兩個毫無關聯的理論解釋同一種現象感到頭痛，也不接受只能在特定情況以及特殊條件下才成立的理論。每個元素一定能配置在某個一致性中，他的心靈之眼能看見其中的一致性，此現象導引出迷人的宇宙舞蹈。

愛因斯坦所發展出最重要理論之一便是特殊（以及後來的普遍）相對論。一九〇五年時，愛因斯坦幾乎對它完全絕望，而我們卻能夠在此理論中窺見其思考模式如何運作。光在這裡又擔任中心角色。為了能夠大致了解愛因斯坦是處在何種兩難境地，讀者不妨想像：一道光線沿著鐵路路堤發射出去，一個站在路堤旁的男人能夠測出光的速度是每秒三十萬公里；但您同時再想像還有一個女人，她坐在一列從光源處開走，以每秒十萬公里高速行駛中的火車上。我們會認為，這道會趕上她的光線速度一定比較慢。我們必須減去火車的行駛速度，在女人的視角看來，光的速度就應該是每秒二十萬公里。然而這就表示，光的速度相對於火車會比較慢。此結果卻與一般人所知相反，光的速度與觀察者或光的來源無關，必須都是相同的，也就是每秒三十萬公里才對，不可能改變。愛因斯坦要如何來解決這個矛盾呢？他忙著思索這個問題，看來似乎束手無策，這位當時最天才的物理學家花費了一整年的光景在做無解思考，直到找到答案為止。

其後，一些令人萬分雀躍的事情突然發生了。當愛因斯坦與某位友人散步，並向他解釋這個兩難時，愛因斯坦瞬間靈光乍現，領悟到一項認知，即光並不是問題，時間才是問題！假如我們不認為有一個絕對時間與一個絕對空間，那麼兩項觀察皆有可能。速度就是每個時間單位的路徑商數（空間）。假如我們允許空間與時間是可以延展與壓縮的，那麼光速對於兩位觀察者而言就能維持不變。由其中一位觀察者的角度看來同時發生的兩件事，對另一位處於快速運動中的觀察者而言，時間就會向後延，而且我們無法客觀地說其中一位觀察者是正確的。不妨再來想像一道閃電打中鐵路堤的兩個不同點A與B，只有當我們站在兩點之間的正中央，而且兩道閃電的光同時到達我們這裡，我們才會同時見到兩道閃電。但如果一列

8 Isaacson, 2007, P. 42.

火車從A點駛向B點，並以這種方式接近B點，火車上的觀察者就會相信閃電將在A點之前先打中B點，因為與A點的光比較之下，閃電的光會從B點較快抵達觀察者。

從以上的例子可以清楚發現，無論表面看來再矛盾的觀察，愛因斯坦的心智都不會任其擺佈、混淆。唯獨這樣他才能了解問題的根源出於一項事實，即他與所有其他人都以絕對時間的存在為出發點。絕對時間的觀念，也就是一個永不改變的客觀時間，是牛頓遺產的一部分。愛因斯坦卻認識到，我們不可能說這兩件事會真的或客觀地同時發生。於是愛因斯坦讓這個倍受推崇的絕對時間構想倒塌、瓦解，而時間也成為舞蹈的一部分：相對、無法定義、栩栩如生。

尤有甚者，愛因斯坦踏出更勇敢的一步。他毫不猶豫把執拗的學術教條「以太」（Äther）丟進歷史的垃圾桶。一般認為「以太」是能穿越萬物、有彈性的物質，所有時間與空間都存在其中。當時人們確信，以太充滿了全宇宙空間，因此沒有所謂的真空。就在他那一代的其他物理學家還緊抓著這個概念不放，急切地，或者說出於傳統去找尋它的同時，愛因斯坦卻很乾脆地把以太整個拋棄，懷疑牛頓絕對時間以及絕對空間的原則假設。愛因斯坦要找出一個新的普遍原則，在此原則中萬物均和諧移動，如同一個正在打轉的漩渦，把一切都吸捲進去。他的宇宙充滿了動力與生氣勃勃的運動，萬物不斷彼此牽引、影響。

誰都擋不住愛因斯坦，在特殊相對論獲得光彩奪目的成功之後，他又著手創作一首更輝煌出眾的宇宙交響曲即普遍相對論。物理學家布萊恩・葛林（Brian Green）形容這首交響曲：

> 「空間與時間成為自行發展之宇宙中的遊戲者，它們變得活潑起來。這裡的物質讓那邊的空間扭曲蜷縮，又讓這裡的物質動起來，並繼續帶動那空間繼續扭曲下去，如此不斷重複連續。普遍相對論幫一場舞蹈定調步伐與節奏，舞蹈中的空間、時間、物質與能量相互交織融合。」[9]

這簡直是一個觀察真相的全新方式，牛頓為後世留下了一個宇宙，其時間以一種絕對的方式存在，而且繼續滴答作響，不受其他任何事物或觀察者的影響。對牛頓來說，空間也存在於一種絕對的形式中；而他卻把重力看成介於質量體之間的引力。豈料後來又殺出一個愛因斯坦，剝奪了時間與空間作為彼此分離個體的獨立性，並向我們證明，可以將兩者合為一

---

9 Brian Green, The fabric of the cosmos. Space, time, and the texture of reality, New York 2004, P. 74.

個整體結構來思考，即看成一個時空。這個結構不再只是一種物質的容器而已，不是的，它擁有自己的動力。物質對時空產生作用，時空又引導物質的運動。重力是時空組織的扭曲；而慣性，亦即物體在運動狀態下努力維持原狀的定律，會在質量體的交互作用下形成，並非空間以任何一種形式所引發的效應。這是何等不可置信的景象，不斷運動中的活潑宇宙竟被數學公式套牢了！

一九一七年，當愛因斯坦發展出一個自己謙虛地將其稱之為「有點瘋狂」的理論時，又再次證明他如何擅用理解力克服矛盾。起初他甚至認為這個想法瘋狂得離譜，於是對友人說，這想法讓他陷入可能會被送進瘋人院閉關的危險。愛因斯坦的新理論是要回答：宇宙是無窮無盡，還是有盡頭的？他主張，一個絕對無窮盡的宇宙不太可能存在，因為每個點上一定會有無限的重力發生作用，也有無限的光從各個方向照射出去。那麼一個在某空間中任一偶然地點飄盪的有盡頭宇宙又是如何呢？這同樣也是超乎想像的概念，什麼東西才能阻止星星與能量飛走？這個宇宙一定不會徹底接近終點嗎？我們可以在這裡輕鬆猜到這位物理學家會選擇何種可能。他決定選擇第三種可能，也就是一個有盡頭，但卻沒有界線的宇宙；一個自成一格的封閉體系，沒有邊緣也沒有結尾。

愛因斯坦最簡單的方程式

愛因斯坦的思想最棒之處在於，他願意容許矛盾成立，用創造性的眼光看待，不會將它們嚴格地視為「若非……即是……」的二選一。不過為何我們這些庸碌之輩卻很少能做到？可惜慣常的理解力偏偏就不喜歡矛盾，因為理性不喜歡混亂。它會強迫那些令人不快的新數據屈服於舊有架構，只能在「這個或那個」的形式下思考。這種「若非……即是……」是最普遍的思考形式，建立在清楚而固執的區別基礎上，無法因為明顯的事實而自我改變。假如「若非……即是……」遇上矛盾，它的行為便如同一位健行者，突然在熟悉不過的路上看見一幅全新景致。起先他會滿頭霧水地張望，然後說服自己一定是走錯路了，想著不如隱瞞這件難堪的事。

愛因斯坦無法忍受這種「若非……即是……」的思維，他認為事實上並不存在矛盾，只有整體。他是在和諧、一致性與簡單之中思考，倘若遇上似是而非的矛盾，就表示一定還有一個更大、尚且未知的整體。只要舊有思維是僵硬與二元性的、複雜與滿是衝突的，愛因斯坦就會尋找更高的層次，使兩個力量在那裡合而為一。愛因斯坦要探索完美的旋律，一個更高的音樂形式。有一次愛因斯坦參加薩爾斯堡學術會議，當時憂心忡忡的普朗克也坐在會議聽眾席上，結束後他樂不可支地寫信給朋友說：「能把能量量子和波浪原則結合在一起嗎？一切跡象顯示不行，但全能的上帝，似乎造就了一個訣竅。」[10]然而我們可從英國數學家與物理學家巴納希．霍夫曼（Banesh Hoffmann）的話中得知，他的同事們卻都興奮不起來：「物理學家們個個無計可施，只能愁眉苦臉地來回踱步，抱怨星期一、三、五得把光當成波浪狀來觀察；二、四、六卻變成粒子。星期天上教堂禱告。」[11]

「若非……即是……」的思維一次只能窺見部分真相，因此其他物理學家對愛因斯坦直接端到面前的同步觀點就是無法消受。但愛因斯坦的理解力，卻能迅速接受新的世界觀，因為他的思考靈活得多。在他眼前呈現出來的景象，比起目前為止所出現過的都要複雜許多，但他卻不去抵制它，反而將其當成更高深、更廣泛的思考要求。僵硬的思維方式只能理解靜態的體系與真相。「若非……即是……」的思維只想看到每件事物安安分分地待在規定的位子上，這裡是時間，那裡是空間；這裡是電子磁場，那裡是重力。萬物不是在跳舞，而是在運作。

愛因斯坦充滿彈性的思考也能接受生命及宇宙中彼此矛盾的事物。我們可以將這兩種迥異的思維策略以不同建築形式比較，一種是冷峻、精確的結構；另一種則是渾圓、舞動的形式，儘管是人類建造的，卻能反映出大自然的韻律，彷彿直接從大地中生長出來似的。前一種思考形式的特徵是結構、單面性、僵化的體系。相反地，同步思考卻能突破架構，容忍謬論與矛盾的存在，不因它而膽怯，並接受動力的事實真相。

且讓我們這樣描述愛因斯坦的思考，一如這位物理學家自己最愛的，以一個簡單方程式的形式，愈簡單愈好：

1+1=1

「若非……即是……」的思維導致科學家與門外漢得出錯誤結論，認為有些事物就是無法合而為一。每個人在面對生命中的矛盾時都可能會這麼想，顯然我們認為只能擁有硬幣其中一面。

例如平靜在我們看來似乎與緊張完全相反。我們認為假如自己並非處於平靜狀態，且這個平靜是沒有壓力的時候，就是倍感煩躁不安。但如果我們能真正接受緊張不去抵抗，理解

10 同上，P. 157。
11 同上，P. 586。

它就是整個生命的一部分，便能立刻帶給我們嶄新的平靜。對立的思考會受到束縛，因為它被牽制在一個對立的世界中，似乎無法遁逃。相反地，愛因斯坦卻把每個兩極化的真相視為硬幣兩面。我們只需思索他那個最有名的方程式：$E=mc^2$。這條方程式其實就是簡單說明，質量與能量只是相同物質的不同呈現形式。就在一般正常思考只能有二次元的平面視角時，愛因斯坦卻彷彿能做到三次元思考。

因此對愛因斯坦來說，兩個看似對立的元素必定會構成一個更大的整體，即空間+時間=時空。若將一個元素加上另一個元素，結果必定仍然是一。反之，如果在「若非……即是……」的範疇中思考，每加上一個元素便會擴大最後的總額。您不妨想想光，一定要先將另一個元素加進來思考，才能完全描述光的構成性質。當我們願意將它視為波浪與粒子來思考，才能完整描述它的自然性質。這麼說來，倘若每個新探索落入「若非……即是……」思考體系中，事情就會變得更加複雜，因為它會自動傾向於抵抗所有新觀點及新資訊，不想負荷過重。

隱藏在愛因斯坦思考策略背後的祕訣即是：簡單。大家可能認為，這顆二十世紀最聰明的頭腦中，有一個巧妙完美的思維方式。然而，事實正好相反，愛因斯坦留下的許多名言，大多是讚美簡單思考。每當愛因斯坦為成功解出的方程式而高興時，他總是驕傲地強調，這公式有多麼「簡單」。有一回他甚至說：「假如答案很簡單，上帝就會回答。」此處的上帝，也是按照我們所能想像到最簡單的數學原則來創造大自然。當然，愛因斯坦指的並不是山頂洞人只想獵取食物那種簡單。與一般人的思考形式相比，簡單思考並非在原始層面進行，而是更高的層面，一個背離僵化區分與固定思路的層次。簡單思考是聰明才智的另一種形式。

簡單其實並非複合的相反，而是複雜。我們大可學習愛因斯坦思考多層複合的觀念，又不會變得複雜。我們甚至要簡單地想，去消化複合，以便從中找到和諧的原則。用一句話來解釋：愈錯綜複雜的事物，我們就應該以更坦然開放、更簡單的態度觀察。

如此說來，我們可以把一切所能想像到的對立事物都認為是思考錯誤，當我們遇到對立事物時，往往無法思考到那更大的、包含兩面的整體。簡單思考容許一切對立合成一體，共同構成一個一致的、令人瞠目結舌的真相圖案，每加入一個元素，只會讓圖案更具層次。我們可將這種思考法想像成一個富有彈性的結構，能一再接納新事物，並從而繼續成長，而非將所有新事物塞入既有的抽屜中。

您可思考看看下列幾個生命中典型的對立事物：

伴侶關係——獨身
個別性——一致性
狂放不羈——自我紀律
本能衝動——莊嚴崇高
唯物主義——唯心主義
宗教——科學
緊張——放鬆
衝突——和平
情緒——理智
直覺——邏輯
自私——無私
自由意志——決定論

「若非……即是……」的思維十分僵化，以致於絕不可能自然地將對立事物理解成一個整體，即使能將某件事的相反視為正當而接受，卻仍舊只能一次決定一件事。愛因斯坦的私生活也忠於同步思考，因此當他說出「我是一個最虔誠的無信仰者，這可算是一個新式的宗教」[12]時，讓不少人錯愕萬分。

生命中充滿矛盾。對一般的思維方式而言，矛盾是邏輯錯誤，但請讓我們姑且嘗試下列思考實驗：您能想像一個真相中，其中有兩件相對立的事物同時成立嗎；請想像有兩件對立事物，利用您的理性尋找一處讓兩者同時都有位子，也就是和諧共處的地方；能在想像中來到一處，可清楚看見譬如緊張和平靜兩者並不互相衝突，而是共同成為一體而存在的地方嗎？

又如同許多人都有的一個問題，即必須在建立伴侶關係與獨身之間做決定。倘若他處在一段關係中，就會想念獨身；當他獨身時，又開始懷念起伴侶關係。解答並不在於人終究只能滿足於二選一，畢竟事實是當一個人活在一個關係中，他仍然是一個獨立個體，只不過偶爾忘記這點，也或許認為只能與伴侶視為一體共同存在。

12 Rudolf Langthaler/ Kurt Appel (Hrsg.): Dawkins’ Gotteswahn. 15 kritische Antworten auf seine atheistische Mission, Wien u.a. 2010, P. 225.

假如您仔細分析自己的思考模式，可能很快便領悟到，倘若理性隨時隨地總是拉起清楚而不妥協的界線，就會遭到壓抑。大可兩者皆有的認知能讓我們輕鬆許多，就好像內心突然為生命中的多層面向騰出不少空間，因為對立的事物其實是彼此互補的，它們一起互動，共同起舞，這一面不能沒有另一面，它們或可互相排除，或築成一個更大的整體。愛因斯坦認為這種感官知覺形式最接近神的現實。他見到一個極其錯綜複雜的體系，自成一個不可分的整體移動、運作，所以我們絕不可能透過矛盾或複雜的思考模式來了解，得藉著最簡單的精神態度來接近上帝的腦袋。

我們跟在瞎眼金龜子身邊的旅行可尚未結束呢，畢竟還有一個十分重要的問題，即愛因斯坦是如何找到這個隱藏在矛盾背後、簡單又錯綜複雜的思考模式？

不假思索地思考

一九一〇年蘇黎世，一間亂到無可救藥的屋子裡。愛因斯坦的妻子米列娃（Mileva）躺在臥室床上，三個月前的難產讓她依舊虛弱不堪，縱然慈愛的媽咪用盡方法安撫，新生嬰兒愛德華仍使出吃奶的力氣狂哭不停。哥哥漢斯想跟爸爸玩，爭著要轉移爸爸的注意力。「再等一下，我就快好了」，愛因斯坦一邊心不在焉地說，一邊在破紙片上亂畫著各種漢斯覺得奇怪的數字和形狀。沒多久他嘆息道：「哎呀！這行不通！咦，它在哪裡？」漢斯知道爸爸在找他的小提琴。愛因斯坦說著就跑進他的工作室，關上房門。不一會兒，房裡流瀉出美妙和諧的樂音，填滿整間屋子。漢斯被旋律深深著迷，停止玩耍，甚至連愛德華也把他的哭叫聲收回去，一刻鐘後，工作室裡傳來一聲喜悅的呼喊：「哈，我找到了！」

據朋友及家人的描述，一九一〇年某一天，愛因斯坦家的午後也應是這番情景。許多證據顯示，那把小提琴有莫大功勞，其中包括愛因斯坦獨自待在柏林、忙著與普遍相對論搏鬥的那幾年。他經常三更半夜在廚房拉琴或即興創作，思考棘手問題時更是如此，往往拉到一半，他就突然激動地大叫：「有了！」

對愛因斯坦而言，音樂不僅僅是一種打發時間的娛樂方式，就像打高爾夫或登山等嗜好，都能刺激他的理解力，幫助他找到更新、更具創意的答案。他把拉小提琴和彈鋼琴視為一種認知工具，使精神與心靈深入宇宙的心臟，在那裡他會感覺到，上帝完美的旋律正在等待被人轉化成公式或交響曲。愛因斯坦認為音樂，尤其是莫札特的音樂，是一條能發現被隱藏的物理音樂性的重要道路。

現在我們已經非常接近愛因斯坦思考的祕密了。假如物理學中有一個領域叫做「音樂物理」，那麼愛因斯坦應是當之無愧的開山祖師。有時想來，愛因斯坦的音樂才能如同物理學家一般傑出，幾乎至少也能當個音樂家。他甚至還曾說：「我若沒成為物理學家，可能就會去當音樂家。我經常在音樂中思考，我的白日夢也活在音樂中，看得見我的生命在音樂的形式中。」[13]當他嘗試寫出引領他發現相對論的步驟之時曾說：「相對論是透過直覺出現在我面前，而音樂就是這個直覺背後的驅動力。」[14]

可能嗎？是音樂告訴愛因斯坦可以把時間與空間連結起來的？畢竟使用一些例如「音樂的感官知覺」以及「在音樂中思考」等概念來解釋科學性的思考並不尋常。愛因斯坦卻對研究者的問題解釋說，他經常在音樂建構的形式中思考。

據工程師與作曲家勞勃．穆勒（Robert Mueller）的說法，愛因斯坦的朋友亞歷山大．莫茲可夫斯基（Alexander Moszkowski）曾表示，「愛因斯坦領悟到音樂與他的科學之間有一條無法言喻的連結；愛因斯坦的恩師恩斯特．馬赫（Ernst Mach）也指出，音樂與聽覺上的體驗是我們能夠用來表現空間的器官。」[15]愛因斯坦同樣如此評斷同事的理論真相內容：「不要藉由理智評價，而是透過專心聆聽。」譬如對尼爾斯．波耳（Niels Bohr）的原子結構模型，他就狂熱地說道：「這是思想領域中最高的音樂形式。」[16]

可以確定的是，愛因斯坦的音樂經驗大大豐富了其感官認知，能將時間與空間描繪成一幅圖畫，再根據這幅圖畫逐步塑造出他的科學理論。愛因斯坦認為，在物理和藝術之間只有一條細細的分隔線，不是由概念的內容來決定它是否屬於藝術亦或科學，而是這個概念的表達方式。「倘若將經歷及所見所聞以邏輯語言重新複製，就是從事科學行為。」，他解釋，「如果它是藉由形式來表達，很難透過有意識的思考找到其關聯，卻能透過直覺使之變得饒富意義，就是從事藝術。」[17]如此說來，他是以藝術家之姿來接近物理，尤其是以音樂家的身分。他偷聽到躲在物理力量的二元性與對立性之下的和諧，利用音樂的架構來與真相建立溝通管道，因為真相只在日常思考中堅硬如鋼的構想與僵化的現象之外。換言之，他並非在語言所塑造的思想國度中尋找方程式，而是在一個只有旋律，沒有語言之處。

---

13 Frank Steiner (Hrsg.): Albert Einstein. Genie, Visionär und Legende. Berlin u.a. 2005, P. 183.

14 Michele und Robert Root-Bernstein, Einstein on Creative Thinking, http://www.psychologytoday.com/blog/imagine/201003/einstein-creative-thinking-music-and-the-intuitive-art-sceintific-imagination (最後存取 31.3.2015).

15 同上。

16 引用 Franz Xaver Veit, Die Entdeckung des Atoms, in: Die Zeit, 4. Oktober 1985.

17 Albert Einstein, Das Gemeinsame am künstlerischen und wissenschaftlichen Erlaben, in: Menschen. Zeitschrift neuer Kunst, Band 4 (1921), P. 19.

這也許就是愛因斯坦最重要的祕密：他運用一種非言辭的思考；一種沒有語言的思考。

唯有語言和構想才會在事物之間劃出清楚的分界線與區別：「這個或那個」。語言建立在人們比較事物的基礎上：「這是我，而這是我正坐著的沙發。」在語言中，「夜」是「日」的反義詞；但事實上兩者卻是一個共同的時間流；相同的，「死」代表「生」的反義詞，但死其實是整個生命不可缺少的一部份。所以說，當我們用字遣詞時，是在製造矛盾，因為「這個」不可能是「那個」，反之亦然。因此語言也相當適用於組織安排，它將每件事物都分配一個位子，創造秩序，卻無法幫助我們解決矛盾。

因為語言的思考，才創造出現實中的各種分類，卻被箝制其中。它忘記這些分類是自己創造出來的，反而淪為自身僵化構想的奴隸。定義能幫助我們加以區別，可惜卻會在這些事物之間形成如此鮮明的分隔，導致我們無法讓它們再度和解。也因此，言語的思考很難把光既當成波浪、又當成粒子來了解。它早已習慣嚴格的區分，變得不足以靈活地接受同步的現實，當真相只有一個的時候，它仍然看成兩個。語言的思考會把我們和一個直接、簡單的整體理解分開，我們甚至可以一概而論地說，假如只依賴語言思考，我們將和活生生的真相失去聯繫。

「若非……即是……」的思考和語言的思考其實是同一回事。倘若想化解矛盾，去了解整個生命，即放棄一味以自己的概念去面對生命，就必須換個方式觀察。幸虧我們起碼認識這樣一個知道如何繞過語言思考的人，一個能做到把構想式的矛盾，藉由全然不同的思考體系解決之人：阿爾伯特．愛因斯坦。

來自另一個世界的解答

愛因斯坦究竟想得有多精確？答案令人驚訝，他並沒有真的絞盡腦汁去思考！至少不是按照一般的方式。

愛因斯坦主要思想方式是一種非語言的思考形式。例如他會運用音樂結構、冥思、想像力、視覺形象化與直覺。透過這些特殊的探索方法，他能夠繼續進入那些，若以語言思考的方式早就動彈不得、反倒被束縛在自身矛盾中的瓶頸地帶。也許這就是有人必須替問題找到一個具有創意的解答時，我們會直覺地建議他「跳出自己有限的眼光來看」的原因。當我們不能從內部獲得創意的突破的話，從外部往往能找到非比尋常的解答。可能愛因斯坦這句舉世名言正有此意：「絕不能以同樣的思考方式來解決由於這種思考方式所出現的問題。」在非語言的思考中，答案似乎是天外飛來的，例如量子粒子。這些答案可以把語言思考所製造出來的混沌，變成一個更高的秩序。

語言及構想滿載著我們人類在歷史上所創造出的各種意義與回憶，它們是根據蒐集到的知識與大家一致認同的集體想像而來，因此它們自然也受我們視野的限制。假如我們一直背負著全部的回憶與意義，便極難見識到新事物。經由腦中的文字，我們可以看到以精神思想結構所呈現出來的世界，無法將兩者分開。例如當我們見到太陽下山的景緻時，或甚至在那之前，腦中會立刻呈現「日落」這個詞。但我們真的見到太陽下山了嗎？或者我們只是認為自己看到了？

問題在於，大腦能否將它的思考重點從言語式推向非言語思考？毫無疑問，我們需要語言及構想，愛因斯坦當然也會用到它們，可是也許能將它們挪到第二位，不至於主宰我們全部思維，我們的思想中心便能維持自由，不受語言及構想帶來的拘束。這個自由是愛因斯坦打從孩提時代便自然擁有的。

現在我們即將踏入愛因斯坦理性中的一塊神祕領土。這位物理學家把語言和甚至是數學符號都放在他本人明白說過的次要步驟，也就是在他已經透過想像畫面、感覺與察覺到的微妙結構，對某個問題提出答案之後。「我極少用語言文字思考。倘若一個想法來了，我才在事後嘗試將它以文字表達出來」[18]，他寫道。在一封為法國數學家雅克・阿達瑪（Jacques Hadamard）解釋他思考過程的回信中，愛因斯坦更深入說明這個主題：「目前我們的書寫文字或口說語言，似乎完全沒有在我的思考機制中發生作用。表面上似乎是思考元素的心理學實體存在，其實是特殊符號以及或多或少的清晰圖畫，能夠『刻意地』將之再複製、組合……上述所說的思考元素到了我身上，就變成視覺的，偶爾還有肌肉的形式……傳統文字或其他符號（可能是數學符號）必須在第二階段費力去找出來，在我方才提到的聯想遊戲已經鞏固，並可隨時再複製出來以後。」[19]愛因斯坦的自傳筆記亦反映出同樣的想法：「我一點都不懷疑，我們的思考很大程度上不需要依賴符號（文字），許多時候甚至無意識地進行著……」[20]語言思考對愛因斯坦來說顯然不過是他直覺謙卑的僕人罷了，他將它銜接在直覺的認識之後使用，目的是將直覺加以整理編排，幾乎等於是翻譯出來。

18 Jürgen Kriz/ Helmut E. Lück/ Horst Heidbrink, Wissenschafts- und Erkenntnistheorie. Eine Einführung für Psychologen und Humanwissenschaftler, Berlin u.a. 2013, P. 182.

19 Jacques Hadamard, An Essay on the Psychology of Invention in the Mathematical Field, Princeton 1945, P. 148.

20 Root-Bernstein.

到此，我們已知愛因斯坦至少會徹底運用四種非語言的方法。第一個是我們已談過的音樂，排在第二位的是想像力與視覺形象化，即愛因斯坦並非以理智的方式面對物理問題，而是把它們視為三次元、活生生、有彈性的現狀。這就好比他一位門生所描寫的，當別人只能見到一個抽象的方程式時，他總能立刻發現一個物理的現實。您不妨想想瞎眼金龜子的畫面，或者想想愛因斯坦是如何從一列行駛的火車上想像閃電光，進而提出特殊相對論的。藉由將問題以視覺形象化的方法，愛因斯坦避開了語言及數學的表達，避開這種女人僵硬的緊身衣。

另外兩個方法是冥思與直覺。愛因斯坦喜歡冥想，沉浸在物理宇宙的祕密與驚奇中，而且大多時間是睜著眼睛！他可以冥思好幾個鐘頭：只要乘著他的木造帆船「提納夫」（Tinnef），就能整天到處晃蕩，任由自己隨波漂流與冥想（這時他經常走失迷路，得勞駕別人把他救回來）。然而就在這幾個小時中，一種驚心動魄的「宇宙宗教」感突然襲上他心頭，他把這個感覺形容成「面對宇宙和諧永難揭開的祕密時，才有的完美謙卑感」[21]。

顯然他在這樣的冥想之中湧出了直覺的理解，他說，「有時，即使絲毫沒有來由，我百分之百確定自己是對的。」[22]正因如此，他發展理論的第一步也非蒐集經驗數據。相反地，第一步，他必須從大自然手中奪走普遍原則，經驗的證據隨後就會出現。您再想想愛因斯坦對阿達瑪解釋其思考過程時的奇特用字：「視覺的，以及偶爾的肌肉形式」這種描述相當令人驚訝，尤其我們知道當時阿達瑪將數學家分成兩類，代數與幾何數學家。這個奇怪的「肌肉式」直覺是什麼？宇宙學家布萊恩・思維莫（Brian Swimme）認為，愛因斯坦「陷入一種經由肉體而體驗到的感覺……而原因與穿越宇宙的原因相同」。[23]

問題是：我們也能這樣觀察事物嗎？倘若少了習慣的語言工具、概念與構想的幫助，我們也能如此全神貫注地傾聽事物嗎？

假如我們能在生活中多多運用非語言的思考方式，替問題與疑惑找到有創意的解答，而不要總是敗在看似對立的矛盾上，也許會是一個好的開始。建議您在思索問題的時候試著偷聽一首偉大的音樂創作、畫畫、欣賞一幅藝術作品，在大自然中靜靜散步或冥想。您可以藉由這種方式與一個基礎的和諧聯繫，它給了愛因斯坦靈感，也能給我們靈感。另一個極富創意、避開問題苦思不得其解的可能性，是以畫面來想像事物，視覺形象化讓思考變得更能伸縮、更有彈性。例如您可以想像從上面、從空中鳥瞰一個問題的狀況。從這個角度來觀察整

---

21 Isaacson, 2007, P. 389.
22 Root-Bernstein.
23 Brian Swimme, The Hidden Heart of the Cosmos, Maryknoll NY 1999, P. 109.

個畫面和您自己，這會是什麼樣的情況呢？這個人會犯下哪些思考錯誤？或者他有哪些思考策略在這裡行不通？我們經常無法繼續向前，是因為我們太靠近問題了。我們站得太靠近，導致無法看到整個畫面，若能稍為將畫面拉遠一些，原先忽略掉的元素便會進入視野。

答案也會顯現在身體的感覺上，例如身體將某事物當成「真實的」，而有激動的反應；或者您在事物中「聆聽」一個可能的答案，想了解它們聽來是否很不協調或具有旋律性。經由這個方式，我們也能在思考撞到銅牆鐵壁時，聽到愛因斯坦在牆下演奏小提琴的優美旋律。

第二章 弗列德里希·尼采

拒絕安逸的思考，或穿越波濤洶湧的懷疑之海

一八八九年一月三日，尼采離開他在義大利杜林（Turin）的住處，可能是想做一次他習慣的長散步。據說他在半路上看見一個馬車伕在卡羅—阿爾貝托廣場（Piazza Carlo Alberto）上鞭打他的馬，尼采忍不住立刻大吼一聲，快步衝過廣場，將手臂圍住那匹馬的脖子。之後他便失去意識，昏倒在地，但仍保持抱住那匹受虐的馬不放。一群圍觀民眾紛紛圍上來，他的房東見狀也趕來查看。當房東認出是他的房客時，便請人幫忙把尼采抬回房間。這位年方四十四歲的哲學家失去意識躺了頗長一段時間，當他再度清醒後，已不再是從前的自己了。先是又唱又叫，在他的鋼琴鍵上胡敲亂打，直到已經派人去請醫生的房東威脅他要報警為止。尼采稍微平靜後，坐下來開始寫一大疊信給公眾人物與朋友，宣布自己會以希臘酒神戴奧尼索斯（Dionysos）和「被釘上十字架的人」等身分到來。這位哲學家寫給最早發掘並出版尼采著作的其中一人，丹麥評論家與文學歷史學家喬治・布蘭德斯（Georg Brandes）的信中說：「自從你發掘了我之後，便不難找到我了，現在的困難變成失去我……那個被釘在十字架的。」[1]

不知為何，在一八八八年被布蘭德斯發掘前，也就是他生命中積極而「意識清醒」的最後一年，尼采讓人很難捉摸。在他極為多產的作家生涯裡，人們在其作品中只見到無足輕重的冷酷，除了讓一些人傷透腦筋外，他幾乎再也毫無建樹。整整約有十六年之久，他都得仰賴自助。「終究，假如我無法再從自己身上拿出力量，假如我必須等待外來鼓勵及安慰的呼喚，我會淪落到哪裡呢！我會變成什麼樣呢！」[2]，他寫給朋友海因里希·柯澤里茲（Heinrich Köselitz）的信中說道。有些人或許會說，他用自大狂的方式去平衡本身糟糕處境；其他人可能又會把這些話視為明顯的直覺象徵。

毋庸置疑的是，他在這些年中更加覺得自己負有一項使命。內在信念驅使他認為自己的作品是屬於「極少數人」的。「也許他們之中根本還沒人誕生」，他在《反基督者》（*Der Antichrist*）一書的前言中寫道，因此他是替往後的數千年而寫。然而當一八八八年，大家終於注意到他時，他的反應卻是興奮無比。不過，他生命中悲慘的諷刺故事卻尚未停止。一如布蘭德斯所描述的：「在尼采悲劇性的一生中，還有更不幸的。他近乎病態地渴求外界的肯定與讚美，就在這些幻想奇蹟般如願以償時，他卻彷彿活生生地被生命拒於門外。」[3]醫生

---

1 Friedrich Nietzsche, Brief an Georg Brandes, 4. Januar 1889, http://www.nietzschesource.org/#eKGWB/BVN-1889,1243 (最後存取 24.6.2015).

2 Friedrich Nietzsche, Brief an Heinrich Köselitz, 14. August 1881, http://www.nietzschesource.org/#eKGWB/BVN-1881,136 (最後存取 24.6.2015).

3 Reginald J. Hollingdale, Nietzsche. The man and his philosophy, Cambridge 1999, P. 195.

對尼采的診斷是「進行性麻痺」，一種由梅毒引發而逐漸加劇的腦組織破壞。他既不知道自己正踏入一炮而紅的順遂之途上，也不知道其名聲是建立在把他曾經教過的事物徹底扭曲的基礎上。

此後直到尼采逝世前又過了十一年。這十一年中，他還成了傳奇、甚至神祕的人物。那些蜂擁而至，見到廬山真面目的人覺得他有如活在一個人性無法捉摸的世界。他變成一個「沒有性格的人，讓人形容不出任何一種性格特徵」，[4]整個人籠罩在古怪的宗教狂熱中，人們看他彷彿是個「昇華到神祕世界」的人。令人意想不到地，這種命運是尼采先前便已預見的，他在晚期自傳式作品《瞧！這個人》（*Ecce homo*）中就寫道：「我萬分害怕，有一天人們會將我冊封為聖人」[5]。這個百般努力將人類從形而上的玄學世界解放出來之人，到頭來竟淪落成可說是他最鄙視的類型。

更糟的是，一個他自始至終反對的運動，即反猶太、敬仰國家與種族、反理性的國家社會主義留下的遺毒，硬將他貼上陣營同志的標籤。不可思議地，對此他也在其著作中做了預言，表示人們會曲解他，他將「變成各個他憎恨勢力的聯盟同志」[6]那些企盼「新帝國」之人相信在尼采身上找到了殷切等候的先驅徵兆。他們正好逮到機會，精神崩潰的哲學家已無力繼續反抗，於是納粹為了頌揚他，在威瑪獻上一座博物館，讚美他的「權力哲學」。他們更高明地將他著作中許多論述都推到角落，然而正是在這些論述中，他不僅把這個帝國視為敵人，甚至警告它的崛起。對尼采而言，這帝國代表了他最害怕的，就是虛無主義在一個沒有上帝的世界中崛起，這個世界除了達爾文殘忍的「自然淘汰」以外，再無其他。

後來的研究學者及傳記作家，才得以將尼采的形象一點一滴從懷疑他反猶太主義的冤屈中洗清，並提升到個人主義哲學家的地位。他的哲學即使到了二十一世紀的後現代與理性文化，仍然十分符合時代的挑戰。儘管前述那些話明顯是他在精神錯亂的狀態下寫給布蘭德斯的，但那的確是這個意義的回音，或許也解釋了為何一再有無數爭相詮釋尼采哲學的書籍出版：「現在的困難變成失去我。」[7]

毫無疑問，尼采獨一無二的思想結構使他有能力獲得一系列引人入勝、關於人性深層心

---

4 同上。

5 Friedrich Nietzsche, Ecce Homo. Warum ich ein Schicksal bin, http://www.nietzschesource.org/#eKGWB/EH-Schicksal-1（最後存取 24.6.2015).

6 Friedrich Nietzsche, Unzeitgemäße Betrachtungen.Schopenhauer als Erzieher § 4, http://www.nietzschesource.org/#eKGWB/SE-4（最後存取 24.6.2015).

7 Friedrich Nietzsche, Brief an Georg Brandes, 4. Januar 1889, http://www.nietzschesource.org/#eKGWB/BVN-1889,1243（最後存取 24.6.2015).

理以及人類文化基礎的知識。他的思考方式強烈動搖了許多禁忌與價值信念的核心，因此是時候探索、想想這個讓世界為之震盪的思維本質了。

求真理還是求幸福？

一八六二年，弗列德里希．尼采正值年紀輕輕的十八歲，便認真懷疑起宗教信仰的意義，而宗教偏偏支配了他的家庭傳統。由於父親與祖父皆為牧師，大家自然期待他也承襲父祖之業，不過尼采孜孜不倦的精神卻不願乖乖順從。他與兩位友人共同創立了一個文學藝術社團《日耳曼》（Germania），並為其撰寫文章，內容不僅反對基督信仰或宗教，也批判這個縱容信仰體系得以形成的思考方式。

在《命運與歷史》（*Fatum und Geschichte*）這篇論文中，他贊成不斷抱持懷疑的精神。此時他已形容其哲學檢驗是一項「嘗試」、向前推進或實驗。他甚至選擇一幅波濤洶湧的海洋之畫，來描繪懷疑宗教的精神，認為真正的研究者必須活在這種精神之下，完全如他二十一年後在其名著《查拉圖斯特拉如是說》（*Also sprach Zarathustra*）中所說的，「沒有指南針與嚮導便逕自航向懷疑之海，這對尚未發育完成的頭腦而言是單純幼稚、墮落沉淪，大多數人會被狂風暴雨捲襲淹沒，只有寥寥數人能發現新大陸。在浩瀚無垠的理念海洋中漂泊時，人們經常渴望能回到堅實的陸地。」[8]

三年後，二十一歲的尼采終於決定把指南針徹底丟棄，他中斷大學的神學學業，從此脫離家庭傳統。在一八六五年的復活節假期，他拒絕與母親上教堂，並十分無理地告知母親，他與基督信仰已經完全斷絕關係。其妹伊麗莎白（Elisabeth）是一位信仰虔誠的教徒，對他背棄信仰的震撼反應更甚於母親，遂趁尼采回到波昂時，寄了一封開誠佈公的信給他，努力捍衛基督教信仰。而尼采的回信中隱藏了比他任何一部著作，更能開啟他思考結構的解謎之鑰：

> 「關於妳的基本原則，認為真相總是站在較難的一邊，我在此認同妳部分說法……；但另一方面，難道一切從小所受的教養，那些逐漸在內心思想中深深扎根，在親人與許多好人當中被認為是真理，同時也確實給人慰藉與鼓勵的事物，要我們全盤

---

8 Friedrich Nietzsche, Fatum und Geschichte. Gedanken. Absatz 5, http://www.f-nietzsche.de/werke.htm#t2Fatum（最後存取 24.6.2015).

接受真的那麼困難嗎？這會比對抗習慣，處在獨立堅持自身道路的不安全感中，情緒還有良知經常起伏不定，經常感到絕望，卻仍永遠抱持真實、美好、良善的目標，走上新道路的決定還來得更困難嗎？難道重點在於要得到對上帝、世界與和解的價值觀，才能讓自己最感輕鬆嗎？這對真正的研究者來說，他的研究結果幾乎不就成了無所謂之事嗎？我們做研究是為了尋找寧靜、和平、幸福嗎？不是，而是只為尋找真理，即使它再怎麼驚世駭俗、再怎麼醜陋。還有最後一個問題：倘若我們自年少時起便相信靈魂救贖的力量不是來自耶穌，而是另有其人，例如穆罕默德，就不確定我們能否享受到同樣的賜福嗎？沒錯，信仰本身就是賜福，而非在信仰背後的對象。……每個真正的信仰也是確實可靠的，它可以讓當事者希望能從中找到什麼，然而它卻無法提供任何支持客觀真理的理由。而這裡便區分了人類的道路；你追求的是靈魂的平靜與幸福，是你要相信的；亦或當一個追求真理的男孩，是你要探索的。」[9]

在這封成熟度令人倍感意外的信中，尼采將兩種不同的思考形式做了區分：使人安心的思考，以及尋找真理的思考。使人安心的思考往往主張自己擁有「真理」，而每個自稱找到的真理，只不過是偽裝的安慰與證明罷了。令人安心的思考是受願望所驅使，去尋求心靈的和平，一個能帶給思考者完全放鬆的「真理」，因此這種思考方式絕對無法讓人成為真正的研究者。這種研究結果其實是預先便已決定的，利用使人安心的思考方式，只能發現我們想要發現的。

相反地，真理驅使的思考則代表真實的研究。在這種模式下，研究者不為真理預設條件，他有接受各式各樣真理的心理準備。尤有甚者，他對任何一種研究結果都一視同仁。為何「真理」就應該是美麗的、令人感到幸福的？為何它們不能是「驚世駭俗的和醜陋的」？當真理確實是真的，它一定足以撼動人類所有思考結構與生命結構，有時必會令研究者倍感傷心，強迫他面對疼痛、粗魯的真理。因此真正嚴肅的研究家會在檢驗之前放下各種祈求心靈和平的希望，放下每個能用安慰人心的信仰來打發之處，不會用真理和一個便宜的、能使情緒較為滿意的事物來交換。

「介於真理與幸福之間，介於真的事物與令人愉悅的事物之間，沒有事先描好的一致性。」最獨具風格的尼采傳記作家霍凌道（R. J. Hollingdale）寫道。

---

[9] Friedrich Nietzsche, Brief an Elisabeth Nietzsche, 11. Juni 1865, http://gutenberg.spiegel.de/buch/nietzsche-briefe-6702/7（最後存取 15.6.2015).

倘若我們要找的是幸福，自然知道應該要遠離可能會引導我們發現真理的危險小徑，這個真理也許美，也可能醜。因此，尼采的母親對兒子脫離宗教之事，只能安慰自己說，上帝引領我們所有人的行為，祂一定也引領了其子的行為。尼采卻選擇了驅使思想家尋找真理的危險小徑。隨著時間，尼采將他鋒利的矛對準了自柏拉圖以來，人類歷史上最偉大的哲學家。他解釋，這些人也陷入使人安心這種思考力量的誘惑，將人類精神往上提升的力量視為「真理」。他們只想到柏拉圖的三和弦：真、善、美。尼采卻對這三種應該相交的本質抱以高度懷疑，他猜測，可能是人類的願望與需求在後面作祟，而非毫不妥協的研究。假如一個人要感覺上帝的愛就是真理，因為這會在其內心釋放出正面的情緒，他就會不偏不倚發現這項「真理」。尼采的思考形式正是不要這種麻醉藥，因為他清楚知道，自己會受欺騙迷惑。給妹妹伊麗莎白的告白算是要啟程前往孤獨之旅的鳴槍聲，無論要付出多大的代價，旅程的目的地是真理。這趟旅途中他應將一切「令人安逸的真理」丟下船，對自己絕不能有「寬恕」之心。

這正是思想家尋找真理的第一步和最重要的一步，重點不在於得到最後與完全的「真理」，或者說純粹的真理，而在於摒棄各個幻覺形式、每種思考錯誤。我們可以從中獲得什麼？尼采會說：「百分之百的精神自由，我們放棄舒適與安逸，只會失去原本就不值得保有的。」儘管這種前進方式有如將思想家丟在一個偌大的空屋裡不管，雖然裸身、兩手空空，但至少知道他的理性不受一切精神投射與扭曲的束縛。他的眼睛能完全自由張開，可清楚看見一切事物的狀態。

尼采十五歲時曾寫下一首詩，他在詩中對這種精神狀態與自由的價值做了栩栩如生的描繪：「認識我的人，會把我喚做沒有故鄉的先生」，他寫道，雖無故鄉，但他卻「如魚得水般自由」[10]，這意指家鄉代表一塊能讓人們頭腦靜下來並安頓的穩定土地，而尋求真理的研究者卻不能有家的奢侈。每次尋找真理都彷彿是動身旅行，不能向後回眸，也就是不能回頭把眼光放在事先訂好的意見，因為這些意見無非是由情緒主宰的希望，想發現一個特定的「真理」形式。在這樣的旅行中，我們無法高興地向前看，期待能找到一塊最後平靜之地。真正的研究家必須任由所有對靜止狀態的渴望隨風而去，畢竟事實真相以某種程度而言，是存在於這樣的自由研究、發問、懷疑、破壞以及重建的狀態中。尼采解釋，「信念，是比謊言還更加危險的真相之敵。」[11]也就是說，科學檢驗的目標絕不會是要得出一個特定、可

---

10 Friedrich Nietzsche, Ohne Heimat, Gedicht (1859), http://archive.org/stream/gesammeltewerke20niet/gesammeltewerke20niet_djvu.txt (最後存取 15.6.2015).

11 Friedrich Nietzsche, Nachgelassene Fragmente, Sommer 1883, http://www.nietzschesource.org/#eKGWB/NF-1883,12[1]

靠的信念，亦即渴望信念本身是一種貪圖安逸的需求，是絕對、不可懷疑的知識所帶來的安逸。

對尼采來說，哲學思考便是一項永不停止的實驗。古典哲學家可算是採取較穩當的方式，他們相信上帝，決定負起用邏輯證明上帝存在的義務，這樣一來上帝存在就不是他們檢驗的結果，而是一開始的預設。尼采認為，真正自由的研究家「活得危險」，或者說得更貼切一些，必須危險地思考。對追求真理的思想家而言，利用「爆炸性」思想財富做實驗是不可或缺的條件，然而這似乎會讓尋求舒適的思想家無力承受。「這麼說應該不假：哪怕它的損害級數與危險級數是最高的；是的，人被全部的知識所毀滅，可能也是存在於基本特質中的一部份，因此，一個人的心靈強度可依照他對『真理』的忍耐程度來測量。」[12]

這一點尼采深受其精神導師亞瑟・叔本華（Arthur Schopenhauer）所感動。即使後來他完全脫離叔本華的哲學，但仍保有對叔本華人格的尊敬，因為他將叔本華視為一個能忍受痛楚與不適的人，帶著艱難的真理一路走來。對於叔本華這位可靠扎實的研究家，尼采是這樣形容的，「自願承受真理的痛苦」[13]，他對自身波動的情緒、沮喪絕望與溫柔的需求都置之不理。尋找真相的思考既非情緒性的，也非多愁善感的，即感覺只會蒙蔽真理的探求之路，因為它會令尋求者期盼舒適安逸的感覺，並不計一切代價避免痛苦。

讓希望快樂地死去

尼采哲學工作的雄心壯志之所以能夠成功伸展，都要歸功於尋找真理的思考，即他要把形而上學一次徹底搗毀，其思想方式能在人類世界、文化、哲學與心理等領域將形而上的事物變成多餘。雖然他並非主張世俗主義的先驅者，但卻可能是所有世俗主義思想家中最徹底的。他保證人們不再需要舊有的信仰體系了，終於能將自己從中解放。他解釋說，「這是戰爭，不過是沒有火藥與煙霧的戰爭……錯誤一個接一個逕自冰凍了……然後『那位聖者』也凍在角落……最後連『那個信仰』也冰凍起來，那所謂的『信念』，還有『同情』也明顯冷卻了。『這東西本身』幾乎到處都結凍了。」[14]

（最後存取 24.6.2015).

12 Friedrich Nietzsche, Jenseits von Gut und Böse, Erstes Hauptstück: Von den Vorurteilen der Philosophen Absatz 39, http://www.nietzschesource.org/#eKGWB/JGB-39（最後存取 24.6.2015).

13 Friedrich Nietzsche, Unzeitgemäße Betrachtungen. Schopenhauer als Erzieher § 4, http://www.nietzschesource.org/#eKGWB/SE-4（最後存取 24.6.2015).

14 Friedrich Nietzsche, Ecce Homo. Menschliches, Allzumenschliches, http://www.nietzschesource.org/#eKGWB/EH-MA-1（最後存取 24.6.2015).

形而上的概念基本上認為，現象世界核心中有一個永遠處於原始狀態的存在。在其他一切萬物移動時，它是不動的，其存在是獨立自主的。在這個意義下，我們可以將形而上放入與宗教信念、神祕經驗與形而上哲學邏輯相同的範疇來理解。「這個東西本身」或這個在近代經常與康德聯想在一起的著名本體，其著名之處在於，它是一個在理性之外、無法描述的現實，它以某種方式與看得見的現象連結在一起。

在尼采看來，人類利用使自己安心的思考方式來捏造形而上世界。我們可以明顯知道為什麼，在一個充滿鬥爭與死亡的世界，個人願望對生命與自然威力來說毫不重要，因此人性思考自然會轉往另一個世界，那個世界，完全不出人意料地與真實世界完全相反。倘若這個世界沒有明確的公平，那麼另一個世界便應該是公平與正義的。如果我們在這個世界會死去，那麼在另一個世界就應該長生不死。假若我們知道，上帝站在我們這一邊，我們跨出每一步都受到一個更崇高的力量所指引，便能彌補心中急迫的不安全感，以及對未來的恐懼。如果我們知道，只要現在做人誠實正派就會得到報償，這能給予我們道德護欄和行為有意義的感覺。倘若有一個形而上的世界，人便不再是孤單的。一個外來的邏輯與理性，會將所有看似偶然與隨機的事物聚合在一起。

尼采努力不懈地想摧毀「另一個世界」，認為它的存在不僅在宗教與神祕的團體中，在哲學思考上也是一個廣為流行的必然假設。他尋找真理的思考，對於這種世界是否存在的問題並不感興趣，而是主張，我們能擁有的每個概念與每種信仰，是以現象世界的一部分出現，且由於我們離不開這個世界，因此也看不見世界之外的事物，從而無法認識「真理」。他感興趣的是，利用兩個「尋找真理的」問題來檢視每個形而上的主張：

一、為何這位思考者要斷定某件事是真的？有可能是思考者想逃避痛苦或生命中某個艱難處境嗎？可能是他想擁有愉快愜意的感覺，得到安全感或堅強的感覺嗎？更進一步來說，這位思考者所找到的「真理」是他希望找到的嗎？尼采強烈感興趣之處，是每個主張的心靈需求，這隱藏在抓住某「真理」背後的心靈需求；他感興趣之處，是思考者從中所得到的潛藏利益。假如結果顯示，思考者不過是要一個獲得安慰的構想，就代表自我欺騙與俘虜，必須毫不惋惜地自我解放。

我們姑且拿「上帝是慈悲的」這個幾乎在每個宗教、神祕思想和形而上哲學中皆有的主張為例。我們如何能知道，上帝是否真的慈悲？倘若我們如此認為，不也等於或多或少鼓勵我們去希望上帝是仁慈的嗎？難道這個仁慈是一項簡單的事實，抑或一個願望罷了？

二、人們非得需要這個「真理」才能完整充實自己的基礎知識嗎？尼采藉由這個問題，將自己從必須知道形而上世界存在的需求中解放，因為不僅我們無法知道它是否存在，即使形而上的世界不存在，我們也照樣活得下去，人類的生命還因此真能明顯好轉。他們每天將投入更多的自我責任，自行創造自我的未來，而非等待安慰與支持。因此，這個問題幫助我們放棄每個會限制我們理解力與成長的念頭。假如一個「真理」成為多餘，那它便已是有害的；更糟的是，萬一這個「真理」會設限。

為了判斷某個陳述的真相，單單檢驗該事物本身是不夠的。我們需要注意整個心理世界，這個欲將觀察者推往某個特定真理而去的世界。這念頭背後的動機與念頭本身同樣重要，此處，心理學，亦即探討心理的科學與哲學，與思考的科學兩者變得十分接近。在此意義下，尼采亦可算是個心智哲學家。這可能就是佛洛伊德稱讚尼采的原因吧，「他依靠自己取得了前無古人，可能也後無來者的透徹知識」。[15]

即使在尼采那個時代，心理學還不能算是一門學科，也非一個概念，但此範疇提供他一個不需要回溯形而上構想即能解釋世界的可能，意即一個非常直接、簡單看待人類行為的可能。藉著銳利的眼光來透視靈魂，可以比較容易發現這些藏在深處、驅動人類行為的力量，沒有天使與魔鬼，也沒有罪惡與懲罰。這是一把「放在人類形而上需求之根上的斧頭」[16]，尼采利用他手中這種非比尋常的工具，在心理學上創造了幾個史無前例的突破，是啊，他預先假設了佛洛伊德的潛意識構想。如果一個人要尋找的是真理，而非慰藉，就會獲得透視人類行為表面的能力，這個表面上往往進行著看似高貴的感受與崇高的道德價值觀，而他可以看到深奧莫測利益中那個「醜陋真相」。人似乎喜歡無私的行為，但內心深處卻想要滿足本身非常自私的願望。

尼采發現了潛藏的動機，而將它稱之為一種「權力意志」（der Wille zur Macht），它存在於許多高貴的感覺與姿態背後。例如，人們喜歡將愛視為一種無私的熱情，但在尼采看來，愛卻是希望儘量贏得對愛人最大的權力。而性則是一種幾乎無法克制的自私表達，因為這位愛人想要完全占有渴慕的人。在哲學上，他見到一種專橫的精神衝動，欲將整個世界屈服在自我的想像之下。哲學家總是主張他們忠實地描述事實，其實他們應該比較像是藝術家，將世界按他們的想像去創造。他們並沒有展現出「真理」，而是從熱情積極的願望中把它虛構出來，認為他們的觀點強過所有其他人。這位哲學家拿這門重炮把古希臘的奧林帕斯神話、佛祖的「空性」理論和基督教的救世說都轟垮了。「希臘人知道並覺得生存是災難與恐怖，為了求生存，他必須在恐怖與災難之前祭上希臘神祇光榮夢幻的誕生。」[17]當基督徒

15 Ernest Jones, The Life and Work of Sigmund Freud, New York 1981, P. 344.

16 Friedrich Nietzsche, Menschliches, Allzumenschliches, http://www.nietzschesource.org/#eKGWB/MA-37（最後存取 24.6.2015).

17 Friedrich Nietzsche, Die Geburt der Tragödie § 3, http://www.nietzschesource.org/#eKGWB/GT-3（最後存取 24.6.2015).

帶著拯救弱者的概念走來時，他們就把自己視為尋求慰藉的思考者了。尼采說，這充其量不過是對現實生活的反應，和逃避這個世界由權力者所統治的事實。

尼采尋求真理的思考，使他得以拋棄形而上的世界，因為它是為了製造安慰而被「創造」出來的；對人類發展而言，它卻是不必要的。他拒絕祈求在世界實質中能有個和平與不變的中心，拒絕這種情緒需要，畢竟它並不能給他一個平靜之處，使其從一個變化多端的世界中退避。反之，只有鬥爭不斷的達爾文世界，一片連自然法則秩序都無法建立的混亂。

既然這個世界一如查爾斯·達爾文所為我們描繪的，就此觀點而言，尼采或許是唯一對世界事物，尤其是人類生命徹底思考到最後的思想家了。就在與尼采同時代的同志，那些十九世紀的理性主義者狂熱歡慶甫獲得、不需要任何神祇的存在自由時，尼采覺得他們似乎沒有意識到必須面對這個新世界的危險。倘若我們真的面對一個完全籠罩著孤獨寂寞的現實，倘若我們努力看清這個沒有上帝的現實，那麼還有任何能夠填補這可怕真空狀態的意義嗎？

尼采那句名言「上帝已死」（Gott ist tot）絕非毫無意義的公式，也不是傲慢的獨立宣言。他的意思是，包括所有其他及現世的各個世界、最後的真相以及上帝給的道德律法，先前曾經發生過或可能存在過的一切，都能夠在上帝的名義下理解。著名的寓言「瘋子」（Der tolle Mensch）告訴我們，尼采多麼嚴肅地思考這個人類的新處境：

「你們難道沒聽到那瘋子，那個在大白天打著燈籠，走在市場上，不斷喊叫著：『我在找上帝！我在找上帝！……上帝去哪了？……我要跟你們說！我們，你們和我把祂殺了！……可是我們怎麼辦到的？……是誰給我們海綿，把整個地平線都給擦掉了？當我們把地球從它的太陽解開鍊子的時候，知道自己在做什麼嗎？那地球現在往哪裡移動了？……我們不會一直往下掉嗎？……空空如也的空間不會對著我們呵氣嗎？……我們該如何來安慰自己，兇手中的兇手？』」[18]

尼采能感覺到形而上世界的死亡尚未被認知或接受，人們依舊以一種只適用於上帝繼續存在之世界的方式來思考。例如他們認為，決定什麼是善、什麼是惡的道德，可以繼續在這樣的世界中存在。尼采知道這不可能，因此他將這視為躲藏在「真理」大衣之下的社會風俗慣例。

在此我們可以發現追求真理思考方式的一大優點：他並不非要避開痛苦的真相，這件事

[18] Friedrich Nietzsche, Ecce Homo. Warum ich ein Schicksal bin, http://www.nietzschesource.org/#eKGWB/FW-1253（最後存取 24.6.2015).

實讓思想家更有能力面對現實。我們大可將安撫人心的思考拿來與麻醉劑相比擬，麻醉劑能帶來情緒的平靜，同時亦讓人昏昏欲睡。整個尋求平靜思考的意義在於思考者不必被迫面對真相，他當然會受到構想概念的吸引，這些構想概念似乎能送給他對另一個真相的希望。但對追求真理的思考形式來說，希望卻阻礙了自我責任與自我獨立。就在大多數人將希望的結束視為悲慘之事時，它卻給了追求真理的思想家力量。

這個思考方法給了尼采解除一切形而上真相的機會以及面對惱人、不快與需索的後果。他全然不抱著能避開真相所帶來重擔的希望，也不認為藉由對任何一個外在現實的信仰，能減輕自己尋找解答的負荷。相反地，「自由」不僅代表他擺脫了一個負荷，而是他甚至能夠因此而肩負起更沉重的負擔，即沒有了形而上的意義，他就得自己創造出意義。

安撫人心的思考不光是在宗教的希望中找得到，它是一種能幫助我們在一個世俗宇宙中生活的思考方式，在這個宇宙中似乎沒有其他更高的本質，人也如動物一般，最後都有個了結，就是死亡。雖然如此，人們仍然無法真正面對這個艱難的事實。這麼說來，這種思考不過是一個轉移注意力的機制，讓一切都變得比事實還簡單。尼采推斷，假如上帝已死，這個世界便失去它的價值，而且所有倫理的、形而上與邏輯的世界都倒塌在瓦礫堆中。由此可見，除了自己，沒有任何事物是可以讓人信任依靠的。這又代表了，人不能再如目前這樣繼續下去了。在希望與慰藉死去之後，必須發展出一種新人類。

安逸懶散的困境

儘管我們腦中安撫人心的思考不喜歡痛苦的事實，也不會承認我們的思考處在安逸懶散的困境中。也就是說，我們會本能地畏懼每個可能令我們不愉快的真理。如果我們有選擇的餘地，會寧願接受那個「比較輕鬆的」真理，亦即那個比較能讓我們感覺舒適平靜的現實描寫。我們的大腦有追求安逸與獲得快感的傾向，因此，大腦會以安慰人心與輕鬆的思想來取代充滿痛楚與要求的現實情景。

以色列裔美國心理學家丹尼爾．康納曼（Daniel Kahneman）長年研究此議題後表示，人的思考基本上是懶惰的，而且會本能的傾向「認知的輕鬆感」。認知的輕鬆感會與重複經驗和已知事物連結在一起；我們很難分辨已知事物的舒適感與真理兩者有何差異。假如這東西「感覺是真的」、「感覺很好」、「感覺毫不費力」，認知的輕鬆感便決定它是真的。這當然就一定代表感覺好的東西，也會感覺是真的。

追求真理的思考，想要發現嚴肅的真理是一個相當費力的過程，也會帶來疲累的結果，因此我們大多寧願避免，轉而選擇較簡單的路，也就是只要能得到部份真理，便得到滿足；或者更糟的是，去接受一個真理替代品，一個可以放鬆神經的藥物，能提供舒服的證明。這當然非常危險，因為我們的思想是想得到「真理」的，但事實上它只是情緒狀態的一個恭順僕人罷了，因為這僕人是我們想要的，我們自然也會在判斷與預言時犯下可怕錯誤。尼采懷疑，人的評價系統正是如此運作，康納曼的研究也證明，倘若我們佯裝自己在評價一件事物，那麼首先出現的會是結論，接下來才是論據理由。再者，如果我們想要相信這結論是對的，且假如這結論又讓人感覺很好，他便會願意相信，這樣一來，即使這個論據站不住腳，我們也會相信每一個支持它的論據。

也就是說，即便現實一再證明我們是錯的，直覺成見也會負責讓我們抓住舒適愉快的畫面與概念。事實上，安撫人心的思考帶給思考者相當驚人的容納力來拒絕現實，透過理想化的柔和鏡頭將它過濾。我們當然非常樂於將婚禮及婚姻視為能帶來高度幸福與浪漫的事情，同時卻有效率地「忘記」一項事實，也就是西方社會的離婚率高得嚇人（美國五三％，德國四六％）。如果我們結婚或去參加一個朋友或家族成員的婚禮，極少會花心思把眼光放到未來，去想那些數不清的爭執、充滿緊張的夜晚和信任的破裂。又如我們想到渡假，腦中首先出現的畫面總是多麼美好、清新與魔力洋溢的時光，忘記它經常讓人勞累困頓，並使人失望。許多人也總會帶著多愁善感的情緒回憶青春年少，彷彿它是一段滿是卓越輝煌的時光，雖然他們必須先把艱難困苦的時刻從回憶中過濾掉。大多數人心中都有一幅自畫像，畫像中會出現許多無私與良善，此時他們就會讓日常生活中的嫉妒與報復感及小心眼大大方方擺一邊去。安撫人心的思考就是科學徹底研究過那認知扭曲之主因，而認知扭曲使我們完全忽略統計數字，高估幸福與成功的機會，想像自己屬於這些數字的例外。

倘若我們藉由這些我們希望得到，以及想要認為可能的事物，而衍生出的理想願望來做評價，可以將它視為一種「正面思考」的形式來想像。很有可能我們腦袋裡的某個角落知道，我們在自我欺騙；儘管如此，我們仍然寧願不讓自己處在「認知艱苦」那邊，也就是會感到痛苦的一邊。真理常會帶來不快樂，假如要接受它，人們就必須將自己的世界觀重新安排，同時又將失去原本辛苦建立的穩固結構。真理往往會伴隨痛苦而來，有時痛苦甚至是真理的暗示，因為它是出自我們某個精神概念，或說理想與真實之間的矛盾分歧。當現實不符合我們的理想願望時，便必須對這個理想存疑，但誰願意讓一個安慰的幻想就此消失？畢竟大腦有避免痛苦的本能，因此大腦的本能也會避開真理。

幻想可說是我們的防護盔甲，讓我們已疲憊不堪的頭腦遠離現實。因此很明顯地，安撫人心的思考十分勝任這項任務：幫我們避開衝突，直到我們真的無法再逃避。我們藉由它的幫助逃離現實，並在思想上將現實中所缺少的一切都編造妥當。一旦我們必須面對真理時，安撫人心的思考也能讓事情變得較為輕鬆容易，因為它提供我們所有減輕痛苦的方案。

儘管如此，尼采教導我們的追求真理思考法，仍舊是適應真相較理想的工具，因為它不會逃避任何事物，也不去仰賴希望，使思考者能更加集中自己應付特殊情況的能量。倘若我們能接受隨著這種思想而來的強烈自我責任意識，便可發現原來這種思考法連最艱難的條件都能承受。安撫人心思考法最大問題在於最終仍會製造出脆弱心靈，因為這是一種不能習慣面對現實的思考，即便它去面對，也會有失望的反應。

許多人對其家庭與朋友關係都抱持著理想主義的想像，例如他認為這些人絕不會做出背棄行為，萬一這個理想概念破碎了，譬如另一半有婚外情或自己母親的行為不像一個母親應有的，自然會震撼到刻骨銘心。當然，現實中只有錯誤的想像才會破碎，一切發生的現象其實是早已存在的真相，只不過我們無法接受而已，因為安撫的思考阻止我們接觸它。

此外，這種思考方式讓我們更容易做出錯誤決定。假如我們知道，這思考模式會得到唯一一個可能的真理，亦即我們想要聽的真理，就不會感到詫異。倘若我們留戀於一種特定的真理形式，便幾乎無法區分對錯。我們經常設法解決一個問題或找出答案，但心中卻同時偷偷藏著一個我們想要聽到的假設，還有另一個我們不想聽到的假設。我們必須知道，大腦總是比較想要「找到」迎合它這種傾向「認知輕鬆感」的答案。它通常會朝著熟悉、方便、安全、不費心力、能自我證明的方向，也就是為它帶來好心情的方向去想。其他讓大腦吃力、未知、具震撼性和刺激性的可能出現時，它往往會以這「對我來說並非正確」的理由排斥拒絕，而且是出於錯的理由。只要是能製造溫暖、正面的感覺，我們就認為彷彿是真的，這又是出於錯的理由。這不僅適用於決定，也適用於我們如何接受構想及準則的形式與方法。所有因安逸的願望而形成，實際上是在跟我們作對的認知扭曲，也是個聰明的工具，假如我們能在每次做決定之前先自問：我較傾向哪一個「真相」？為何已先有了潛在的偏見，為何我立刻就朝這個方向想？假如我們能儘量將先入為主的觀念擺在一邊，就能替追求真理的決定建立一個較佳基礎。

尼采如何克服他的心靈和平需求

活在尼采的身體裡極度辛苦。這位才二十來歲，年紀輕輕的語言學家每天都得為全身上下惡劣的健康狀況戰鬥。最常攻擊他的敵人就是偏頭痛，整夜不停，有時甚至持續三天之久，導致他完全無法進食，一旦進食就會嘔吐。病痛將他折磨得精疲力竭而虛弱不堪，容易成為其他疾病入侵的引子。假如我們嘗試將他做為成人來理解其行為時，也必須把他日日與病魔搏鬥的煩惱一同納入思考。我們完全能夠想像他勤奮不懈的寫作過程，雙眼幾乎失明、飽受嚴重偏頭痛折磨而身心交瘁的他，仍然凝聚自己全部的精神力量，寫下熱情洋溢的箴言。是啊，他著實盡全力反抗，因此由他說出這種不斷自我克服的理念再合理也不過。一次又一次，他看來似乎真的瀕臨死亡；但一次又一次，他爬起來了，最後他把這個經驗總結成一句名言：「殺不死我的，使我更堅強。」[19]

人們總會覺得，這種折磨必定悄悄在他的著作中留下痕跡，至少聽來會充滿憤恨與悲觀。然而最後結果卻相反，他寫道：「我生命力最孱弱的時刻，是我開始停止做悲觀者的那些年」「自我再造的本能，不准我擁有貧窮與剝奪勇氣的哲學。」[20]偏偏在健康狀況最惡劣的那幾年，他對安撫人心的思考方式，展現出最強硬的拋棄態度。這是他最危險的思考實驗，他把自己逼到牆角，再無退路，以便引出他內心最深處那贊同生命的終極答案。

尼采「永恆回歸」的構想，或說得更貼切一點，可謂是他思考的銳利稜角，他靠這個稜角測量自己的精神，或更進一步，測量他對生命之愛的強度與自由。簡單來說這個想法即是，倘若沒有外在的現實，我們熟悉的物質生命將永遠如一個封閉圓圈般繼續運轉。因為這個圓圈不會被戳破，生命將一再以同樣形式與經驗循環重複，換言之，我們此刻的人生必將無數次重複。尼采闡述：「這個你現在正活著以及活過的人生，它不會出現新的事物，每個痛苦、歡樂、念頭與嘆息，以及生活中一切不可言喻的大小事情皆會再度重現……存在的永恆沙漏將一再翻轉。」[21]

對尼采而言，「你難道要一次又一次重複下去嗎？」這個重要問題，代表一切逃避與安慰的終結。假如他對此清楚回答說是，表示介於他與生命之間連最後一丁點的反抗也不復存在。因此，他將其稱之為「我們所能得到的最高形式之肯定與贊同」。[22]這也是他哲學追求的最高點，也就是現在只剩下現實真相，無限延伸的物質生命，沒有最後目標，也沒有使命。人面對這一刻是孤獨的，他只能贈與它意義。

如果我們願意一次又一次過這種人生，也表示人類無止境尋求歡樂和逃避痛苦的過程結束了。因為正如人生的喜悅將永遠不斷重複一樣，我們也將不斷經歷痛苦。也就是說，生命本身必將在最可怕的時刻一再纏繞我們，使人無法逃到減輕痛苦的念頭去。

---

19 Friedrich Nietzsche, Götzen-Dämmerung, § 8: Aus der Kriegsschule des Lebens, http://www.nietzschesource.org/#eKGWB/GD-Sprueche-83（最後存取 24.6.2015).

20 Ecce Homo, http://www.nietzschesource.org/#eKGWB/NF-1888,24 [1]（最後存取 24.6.2015).

21 Die Fröhliche Wissenschaft, http://www.nietzschesource.org/#eKGWB/FW-341（最後存取 24.6.2015).

22 Ecce homo. Also sprach Zarathustra. http://www.nietzschesource.org/#eKGWB/FW-341（最後存取 24.6.2015).

這種思想當然是超乎想像地堅韌，因為它無懼痛苦。它熱愛生命，而且不是因為生命有多麼美好，或總有一天在此地或他處會變得美好。這種愛給了生命一種神聖性，亦即到時候把那「另一個世界」給偷走的神聖性。有別於安撫人心的思想，這種思考法能在希望與慰藉完全不存在的情況下，找到新的幸福、意義、美麗與魅力的形式。永恆回歸的概念只能從一種想法中產生，也就是放棄心靈和平的願望。

我們能從中發現尼采深層思考結構的驚人反射，即一股永不間歇的動力、一個永遠處在燃燒與熱情的狀態。通常一般人會將毫不停息的理性視為負面事物，但對尼采來說，這種狀態等同於實際與健康的生命節奏。他思想上的活潑熱情符合自然演化動力，始終在努力克服現狀，在介於破壞性與建設性力量的不斷抗爭中成長。自然的演進似乎永不結束、永無休止且永無和平，尼采的思想對大自然做了答覆，彷彿這是理性層面的演化。

人們甚至可以說，如果真有生命的理性，它本身看來可能就是如此。他的思想有如一種大自然的力量，類似火山、雷雨和地震。當然這並非如歐洲浪漫派或希臘斯多噶學派（Stoiker），及其他尋求心靈和平與慰藉哲學家所樂意見到的大自然，而是如達爾文所理解的大自然，即一個氣氛被炒熱的競技場，想要擴大並往上茁壯勢力的各路人馬均集結在此，相互較勁。某些思想家欲以相同方式將人性精神植入一個完全和平的狀態，所有意志與一切衝突的力量在那裡皆盡遭到消滅。尼采卻認為，人的理性並非天生想要留在和平中的。正如他所寫道，不和睦才是心靈的糧食。他的思想具有一股天生想要自我發展、在有創造性的生命河流中游動，以及總是保持積極的衝動，因為他認為積極的意義等同於清醒與活躍。

「是的！我知道我從哪裡來！」尼采在一首詩中寫道，「我一如火焰毫不滿足／燃燒著，並燒盡自己／我把握住的，全變成光／我丟棄的，全變成灰燼，我是火焰，確實無疑。」[23]對於這樣一種充滿熱情的思想來說，放棄人類最大的希望之一，即希望從一個倍嚐艱辛的人生過程中退縮，去到一個能讓疲憊的頭腦歇息之處，變得十分簡單。

這就是為何大多數人內心分裂的原因：他們生存的一部分是出於不安定的念頭，即不間斷的企圖與戰鬥，同時另一部分卻沉緬於完美的和平與放鬆的幻想中。尼采的思想不受這兩者影響，心靈和平對尼采來說就是很簡單地接受人生沒有停靠點的事實，他那特別的精神不知怎地就能做到在帶壓電流中放鬆。其實不僅生命中沒有停靠點，就連思考也必須時時刻刻繼續進行。毋庸置疑，這種理性絕不可能會抵達一個終點，一種讓熱情逐漸枯萎的「完美知識」與「最終信念」的狀態。相反地，宛如生命本身，這種思考會將每個固定與自我滿足的立場一再

[23] Die Fröhliche Wissenschaft, § 62 http://www.nietzschesource.org/#eKGWB/FW-62（最後存取 24.6.2015).

拋諸腦後，摧毀它自身習慣與陳舊公式，以便不斷重新自我塑造，永遠看不見盡頭。

您若想跟隨這個思考模式，不妨試著抓出讓您遠離生命純粹形式的自我安慰之想像，與逃避的幻想。這種信念想像與幻想看似能給我們力量，但事實上，它們只會削弱理性以及面對人生真正挑戰的能力。試想，您的人生中有哪件事不是因為它是真理而相信它，只是因為它能安撫您？再看，您的思想要如何逃避現實，有沒有對您來說是一種所謂避風港的幻想世界？您擁有退縮的夢幻，一個終極平靜的狀態嗎？那麼就嘗試放棄這個夢幻吧，勇敢將它當作一次實驗。假如您放棄所有幻想、一切安慰想像和每個紓解放鬆的希望，那您的思考會發生什麼事呢？想想日常生活中某個總是讓您感到壓力特別大的時刻，也許腦中會閃過一個念頭，再也忍受不了這樣疲憊的人生了，期盼一個終於能徹底放鬆的度假地。要是您此刻能做到面對這個壓力，讓自己慢慢放鬆，將它視為人生理所當然的一部分，便能使您的思考更有效率、也更清晰，而結果就是壓力也會減輕。

我們的思考天生就如一條川流不息的大河，一道幾乎無法使它靜下來的水流，這絕非偶然，畢竟這非常類似人生的節奏。萬一您的思考抗拒不了這個節奏，會發生什麼事呢？極有可能您也能開始感受到一些熱情與心醉神迷，尼采就是透過他的思考來和熱情與興奮搭上線的。

第三章

芭芭拉・麥克林托克

有機的思考，或這顆和其他玉米都不一樣的玉米粒

當享有盛譽的分子生物學家喬書亞．利德柏格（Joshua Lederberg），在一九五〇年代從芭芭拉．麥克林托克的實驗室造訪歸來後便說道：「我的天啊，這個女人要不是瘋了，就是個天才。」[1]如今事實擺在眼前，人們將會在科學史上把麥克林托克視為後者緬懷。不過，這位直接引起二十世紀生物學上最大革命之一的女性基因學家，是一位極不尋常的人物，我們可以了解為何利德柏格當時那樣地不確定。芭芭拉．麥克林托克似乎賦予了「怪咖」這個詞彙一個全新的意義。她確確實實「怪」得很狀況外，無論她的身體、她的性別、她的所有私人關係，連學術界的規範條件與採納方法，她都是「怪」得狀況外。她是個超乎凡人的典型，難怪當伊芙琳．福克斯．凱勒（Evelyn Fox Keller）打算為她寫傳記時，她簡直無法想像自己的人生會以任何一種方式讓世界感興趣。她太特立獨行、太怪異，思考太不按牌理出牌，如她自己所說，「不足以做為別人的典範」。

打從孩提時代起，她便害怕一切關於女性的事物，很早就發現自己是個專門「做女生不該做的事」[2]的女孩。她奮力抵抗性別加諸於她的界限，並強烈要求和男人一樣，可以自由追隨個人的熱情。她的穿著屬中性風格、留短髮，畢生如一，對男女私人關係也毫無興趣。她完全沒有情緒性或肉體親近的強烈需求，因此也從不了解為何人應該結婚。她也對那一代女人認為正常而追尋的目標不感興趣，但我們卻不該認為她想當個男人，這個想法完全不符合真相，麥克林托克就是不想讓別人將她的女性本質當成特殊標誌來理解，而且每當那些對抗男人世界的女性主義者試著把她塑造成女性主義偶像時，她總是感到訝異不解（雖然她也真的去反抗這個加諸在她性別上的極限）。她心中的願望是另類的，她想要超越整個性別藩籬。她說，「假如我們能以『人』的角度彼此進一步認識，便會忘記誰是男人、誰是女人，這個性別議題也就自然消失不見了。」

然而她並不只想擺脫其女性本質，真正希望是完全擺脫身體的感受。「我的身體一直是個隨時隨地都得拖著走的累贅」[3]，有一回她說。「我向來就希望能當個中立的觀察家，而非以我身邊人所認識的『我』這種角度。」一切阻礙在她與科學求知慾中間，一切會影響她純粹觀察力的事物，她都想擺脫掉，彷彿這樣就能拿走擋在純粹理性前面的附加鏡頭。連她的名字原本都應該屬於別人，是別人從外面看到的她，所以她有時甚至會忘記自己的名字。一次在學位畢業考的必修地質學考試中，她鍾愛這門學科，鍾愛到她幾乎迫不及待要立刻振筆疾書，卻沒遵照考試委員要求所有考生先將姓名寫在第一頁的事前指示，就一頭興奮地栽

1 引自 Lotte Auerbach, Privates Interview, 10. April 1981。

2 Evelyn Fox Keller, A Feeling for the Organism. The life and work of Barbara McClintock, New York 1983, P. 25。

3 Evelyn Fox Keller, Barbara McClintock. Die ENtdeckerin der springenden Gene, Basel 1995, P. 52。

進考卷中。事後要她寫上姓名時，卻突然怎麼也想不起來。因為問別人她姓啥叫啥感到無地自容，只好枯坐期盼自己再度想起，漫長又緊張的二十分鐘過去，直到幸運成功為止。

對她來說，最大的幸福莫過於深深沉浸在她與熱情完全合而為一的狀態中。有一回她在舞會上的爵士樂團中演奏，十分確定自己睡著了。待她最後結束「清醒過來」時，便問薩克斯風手說，她是不是睡著了？那人回答，她全程正常演出。這種看來似乎失去意識的狀態，卻整個人深深融入的現象，在她科學研究工作中一再重演。

這種陷入自我消失的狀態，而且幾乎是溶解在全心奉獻對象中的能力著實令人難以想像。童年時母親曾經嚇唬她，假如她不顧一切去做喜歡的事，她將會獨自坐在那裡，整個人陷入思想中無法自拔。不料當她成為科學研究者後，這樣完全沉到底的情況反倒成為推動她的力量。麥克林托克的人生中沒有任何一件事，是符合大多數人在計劃個人生涯與生活時的方法和形式。她自稱從未浪費時間思考自己的生涯，就是簡單地做自己想做的事，從未有過一定要繼續進行某事，或必須為特定事物奉獻的感覺。她走的道路不是預先規劃好的，也沒有事業的野心，偶爾她還真的失業，根本無事可做。又有一次她必須駕車走一段又長又危險的路，別人提醒她小心；而她唯一擔心的事卻是，假如她在這節骨眼上死去，就再無法找出她當時研究問題的答案了。「我就是會把全部心思都放在從事的工作上，幾乎每天一大早就等不及要起床開工」[4]，她這樣形容自己猶如孩子般的陶醉忘我能力。

無論肉體、情緒或精神上，麥克林托克一生絕大部分的時間都是獨自一人。自主性、冷靜沉著面對傳統習俗的期待已經成為她的人格標籤。她的獨創性使她成為自由意志者，她遵循自己嚴格的紀律，不去迎合他人的想像。因此她也絕不追隨科學的流行趨勢，幾乎完全不理會周遭環境的反應。用自己的方法尋找答案，這過程使她感到幸福快樂，也只有這個過程才讓她覺得有義務。

染色體是我的好朋友

麥克林托克的故事絕對離不開基因學。基因學（或遺傳學）是在二十世紀初期開始才以一門新學科的型態受到眾人認可。他們可謂是同路伴侶，後來才發現，這對雙方都具有決定性影響，麥克林托克踏入基因學的領域夠早，使她不僅能浸淫於這門學科興起的過程，同時也是將之定型的推手。今日的基因學已是一門固定、再也不可缺少的科學，極難想像二十世

---

[4] Keller 1983, P. 70。

紀早期，它竟然不過是一個抽象的遺傳想像。即便當時大家已重新提出格列戈爾・孟德爾（Gregor Mendel）十九世紀的研究，但「基因學」此一詞彙直到一九〇五年才創造出來，而「基因」這個詞彙在一九〇九年才廣受承認為一個固定概念。儘管如此，它當時仍只是個名詞，用以替代有機體中尚無法清楚說明的類似物質；只是人們為了合理解釋天生的特徵會從某一代遺傳給下一代的抽象形容。

當麥克林托克這位年輕又熱情洋溢的女科學家遇到基因學時，這塊田地幾乎還不比她老。他們倆共同成長茁壯，一系列關於果蠅（Drosophila）的染色體和基因研究最後證明了基因與染色體之間有著密切關連；根據這個結果，基因學家才能確實證明孟德爾基因學的物理基礎。其研究結果就是細胞遺傳學（Zytogenetik）的誕生：這門科學，將看得見的染色體結構研究與基因學連結在一起。

這個緊張刺激、充滿動力的情節發展正要進入高潮時，麥克林托克進入畫面了。思考迅速敏捷的她，技藝高超地將實際的、肉體的觀看與一種精神的洞察力連結在一起，才二、三十歲，不到四十的她已遠遠超越自己的老師，做到細胞遺傳學史上從無前例的發現。第一項成功突破就是她掌握了如何辨識玉米染色體，亦即如何區別單一細胞內一組染色體各個部分的方式。短短幾天內她便輕鬆完成這項任務，引起上司的嫉妒與反感，因為他對該問題早已研究多時。麥克林托克並不自滿鬆懈：她更設法改善既有技術，直到能個別觀察分裂與複製週期中的染色體為止。在此之前，人們只能看見並計算染色體的數目，可是無法個別辨識「那些染色體」。如今麥克林托克發現，她可以將每個染色體單獨分類，每個染色體會得到一個標記，我們再根據這個標記來追蹤整個存活期。她也發現，每個染色體都有不可能被誤認的形態特徵，擁有自己的長度、形式與構造。因此，在尚未研究的基因領域索引分類中，這些特性應該能成為我們辨認方向的關鍵標誌。我們可在顯微鏡下辨別出玉米的基因特徵，從此麥克林托克奠定了她在細胞遺傳學研究的領導地位。

一九二七年，麥克林托克還未滿二十五歲即獲得博士頭銜。此時，她已滿心希望能夠公開呈現那些共同遺傳下來的基因組如何由特殊染色體所承載。雖然這個考量對她那一代的研究十分重要，也就是說，我們必須了解染色體與基因系統之間的關係，但在這個次級問題上她仍然孤軍奮鬥。由於這並非簡單的任務，需要他人的協助，至少當時看來如此。彼時有兩派基因學家：一是植物栽培學者，除了從事栽培工作以外，不做其他研究；另一派是染色體研究學者。兩派工作領域並不重疊，工作地點也不同。但麥克林托克把她周圍的人都嚇壞了，因為她堅持將兩個領域的職權範圍都集合在一個人，就是她自己身上。她想要將其研究對象個人化與個性化，這構想任憑誰都擋不住。猶如她想逐一認識那些染色體一樣，她也要自己在玉米田的自然環境中觀察那一株株玉米。玉米基因研究是一件極苦的差事，在氣溫尚未升高的清晨她便下田，然後持續一整天。雖然如此，麥克林托克一定要將肉眼與顯微鏡兩邊的觀察機會都組合起來，既要看見它的整個有機體，也要看見它內在最微小的部分。

這番努力終於在一九三一年達到一個高點，她成功確保基因學的染色體基礎，那是古典基因學研究鏈中還缺少的一環。她特殊的思考方式尤其清楚展現在一件事實上，即她會去探究追蹤那些他人寧願將之推向角落、視而不見的偏差現象，憑直覺注意到當中隱含的普遍有效規則之暗示。當她某日穿過玉米田時，看到植物既有顯性、也有隱性的基因，因此才有條紋式（斑點）的葉子。同年秋天，她的論文正式出版，主題便是敘述關於葉片的彩斑化。一個小小染色體似乎就是基因碎片「消失不見」的罪魁禍首。麥克林托克立刻直覺領悟到，這必定是個「環狀染色體」在作祟；不過那時，無論這位女學者還是她的同事，尚無人知道有這種染色體的存在，但她仍舊非常確定，於是馬上發通知給其他基因學家。隨後她迅速培養了一組類似植物，待她準備檢驗第一株植物並製作標本時，雙手竟不由自主地顫抖。她將材料放在實驗室的顯微鏡下，果真見到環狀染色體！其他植物株也全部如其預料評估，讓她既高興又鬆了一口氣。

問題是，她怎麼能對一個自己還完全不知道究竟是否存在的現象如此確定呢？她回答，

「邏輯」對她而言是絕對不可少的。「邏輯明顯擺在眼前……在這種情形下必然會發生，因為我們面對的是一個輪廓清晰、嚴謹的問題，而非一般性的問題。它反倒能提供我們正好卡進整幅圖案的拼圖，於是我們便可開始從整體來觀察事物。並非這個或那個階段所發生的事，而是事件的整個發生經過才是有趣的。經由這種方式我們才能得到整體情況的概念。」[5]

只要麥克林托克全心投入一個「不正常」的成分，她便能獲得對一個有機體的整體感覺，這種能力令人不可思議。一位基因學家友人馬庫斯·羅茲（Marcus Rhoades）曾經對她說：「我經常訝異不解，妳怎能光透過顯微鏡來觀察一個細胞，就能看到這麼多小細節！」[6]她回答：「嗯，假如我觀察一個細胞，就會爬進它的身體裡面去，四處逛逛。」[7]她無法真正說出她看到什麼，儘管如此，她依然做得到功能性的描述，而無需回頭尋找任何一個生化概念，彷彿她可以直接與細胞的動力溝通。

從許多方面來看，麥克林托克其實是個過時的自然科學家，尤其在那整個生物學大環境已經脫離觀察而轉向實驗方法的時代。所以同事們也經常取笑她的理論，認為她的方法太不

5 Keller 1995, P. 81。
6 同上。
7 同上，P. 82。

科學。她這種描述自我認知過程的形式與方法，不禁使我們聯想到一個自然主義的傳統：她頑強抵抗一個孤立生命個別成分的趨勢，她觀察一個有機體的染色體和基因都不忘那是屬於某個有機體的。在其哲學與方法學的概念裡，她始終獨立，因此也將顯微鏡下的觀察和腦中「活生生」的東西想像本身交互運用。她認為最重要的事卻為身邊周遭環境所不容，她對亟欲解讀基因組的研究學者抱持高度懷疑，因為她認為基因是無法解讀的；它正如同樣也使用記號的物理一般，不過是一個記號。於是她努力抗拒基因學家對定量分析的熱衷，抱怨他們恨不得將一切都用數字來表現，卻經常忽略了某些事物。她的方法是建立在觀察並了解一顆和其他玉米截然不同的玉米粒。她感覺，那些醉心於數字的同僚們往往剛好就會忽略這一顆特別的玉米粒。

這就是構成麥克林托克思考的重要元素之一，我們可以將其稱之為有機的思考：她一貫堅持直接與研究對象溝通，因此從未疏漏過偏差行為或將它視而不見。對她來說，偏差根本就不存在，我們認為一個有機體的不正常行為，對她卻是更高、更複雜類目的一種暗示，只是我們還沒能理解它而已。麥克林托克認為解開較大整體之謎的鑰匙，就藏在最微小的細節裡；個別化的例子是在暗示我們還有一個更大的規律。倘若我們見到一個令人錯愕的單一細節，且不符合一個既有的模式，這項事實便可幫助我們把模式擴大，融入一個全新的認識。

假如事物不符合我們的理論，背後往往有充分的理由，有機的思考一定願意拋棄原有理論，以便在現實理解上獲得更大收獲。相反的思考方式則是距離性思考，這是從外面觀察事物，透過數字與統計，藉由普遍原則與理論模式去了解它們，因此會覺得例外是令人厭煩的累贅。這種思考喜愛自己的模式與理論遠勝於真相，因此不會情願為了單一偏差行為而放棄原有的想法。而麥克林托克的觀察方式是那樣地有機，使她藉此逐漸來到讓人匪夷所思的高點，她不假思索地散步過田野，觀察她的寶貝植物，就這麼得到精準的預感，試想如果在顯微鏡下觀察這些細胞核會看到什麼。無論她對植物產生什麼特殊的推測，結果都是對的。她唯一刻意的行為就是觀察「區區幾片隱性細胞」[8]，接下來，她的「無意識思考」[9]，一如本人所述，就會自動處理剩下的任務。她了解植物並不需要打開有意識及理性思考的開關，而是就這麼觀察它們。

麥克林托克有機思考的能耐有多大，可以從一種值得注意的方式看到，譬如有人請她分析極小的脈孢黴菌（Neuropora）染色體（一種紅色麵包黴菌）時。在那之前，這些染色體

[8] 同上，P. 125。
[9] 同上，P. 124。

逃脫了一切身分辨識的嘗試，不過短短兩個月內，她便有了駭人的進展，但我們特別感興趣之處卻是她所遇到的阻礙。工作三天後，她發現自己毫無進展，因此感到萬分沮喪失望，明白自己必須先「搞清楚問題的癥結」[10]，於是她去散步。在一條滿是尤加利巨樹的大道上，她坐在長凳上微微哭泣，腦子尤其「密集而刻意」[11]地思前想後。半小時後，她猛然跳了起來，知道該如何解決這個問題了，於是快馬加鞭跑回實驗室。宛如事後她自己說的，坐在樹下的那段時間裡，內心起了變化，使她看得更清晰。先前她只看見一團混亂，此刻卻能輕鬆認識那些染色體：「我有個感覺，彷彿跟它們一起工作的時間愈長，它們就變得愈大。剎那間，我不再孤單站在門外，而是在這個個體系裡；我變成細胞的一部分了。我甚至能看見那些染色體的內部構造。……這一切讓我驚訝，因為我真的感覺到自己是在它們中間，好似它們是我的朋友一樣。」[12]倘若她的精神狀態恰巧處在正確的位置，她的「身體之眼」便能看清楚得多，這可稱之為完美、銳利的反射器。

科學家們往往對自己區別主體與客體的能力頗為驕傲，大都認為距離愈遠，科學性愈高。麥克林托克卻不然，她的一些重要突破皆來自於將主體與客體兩者結合。她本人說得再簡單不過：「我就是突然消失了。」[13]這種自我意識中的我就此消失，而一切會阻礙感官知覺的事物也隨之一同消失；在理性與植物之間便可出現一種直接的溝通。思考在某種程度上也隨之配合植物的語言，無需使用他自己那有條件限制的語言。此處又再度顯示出麥克林托克想排除主客分割觀察者的強烈慾望，亦即藉由名字、性別與身體進行定義的觀察者。忘我能使思考變得透明，反射出一件事物的真相，猶如一台照相機將全部記錄下來，絲毫不經過濾。基於這個原因，這種「觀看」的藝術等於是她學術工作及經驗的中心，也就是如果我們無法看見某個東西，那一定是自己擋在路中間了。

有機的思考具有一種傾聽的特質，它是種受到一個願望所驅使，期盼得到一種非常私密的知識，但事後才加上邏輯或客觀的思考方式。因此它從不將任何事物視為干擾，就好比我們投入一個新的伴侶關係中，願意完完全全認識對方，包括他的缺點。這種思考並不研究理論或教條，因為理論教條只會干擾充滿動力的觀察過程。假如它想要學習事物，就會把眼睛借給研究對象。知識的形成出自事物本身，從事物中破繭而出，彷彿自身思考就是事物的一部分與其後續發展。眼睛與思考會成為事物再擴大的容量，使她注意到它。

---

10 同上，P. 124。

11 同上。

12 同上，P. 126。

13 同上，P. 127。

這當然與我們日常生活的思考不太相關，事實上，這種思考構想本身在我們看來好像與接近相反，更遑論私密的接近。這似乎是屬於感覺的範疇，而思考不就是從外在來觀察嗎？我們做的就是觀察、檢驗、分類與詮釋事物。觀察者思考時是將對象強加於自己身上，他有自己的議程，要創造秩序，將一個活生生的東西變得僵硬，非得屈服在他自己的定義與普遍化之下。因此這種距離性思考無法忍受偏差及例外，它要維持一切都在掌控之中的感覺，痛恨一些小細節忽然來攪局，將一個才剛安排妥當的普遍規則搞得亂七八糟。

然而，麥克林托克擁有的特殊思考法雖然為她帶來一長串令許多人驚嘆的成就，卻逐漸變成一個無法跨越的深淵，導致她脫離學術界三十多年。正是這個忙著面對例外、而非普遍規律的能力，使她自己也成了偏差的例外，完全如同她培育的玉米上那顆被其他人忽略、特立獨行的玉米粒。

玉米會說話

一九四四年，麥克林托克在她的玉米植物中發現一個特殊傾向，把基因學全部重新洗牌。她發現一個不穩定狀態下的固定模式，即每個胚芽都呈現出一個獨特的突變率，在這株植物的整個生命週期中均維持不變。由少數幾個突變細胞開始生長的植物，其行為在整個生命期中都不會改變。突變的發生不是那麼簡單，也非偶然，總有一個固定不變的因子引發突變。麥克林托克知道，植物中有某種物質控制著突變率。假如研究這些突變，它們可帶領我們進入一個絕非偶然的細胞分化故事中。由此可知，基因其實還受到另一個未知的因子所控制。

不僅如此，有時斑紋組織中的特定片段，會呈現出另一種有異於母株本身的突變規模。假如每個片段都是由一個個別細胞發育出來的話，怎麼可能會發生這種事？又為何從一對姊妹細胞中，會衍生出雙胞胎的部分？它們分明就是從不同的樣本發育而來的。麥克林托克感覺到其中箇有蹊蹺，她必須追根究底，於是立刻放下其他工作，腦中再也揮之不去的是「一個細胞失去了，又讓另一個得到的是什麼」。[14]她開始尋找植物株生命期中某個會導致兩個細胞分化發生的定點，如此才能解釋為何同一個有機體會產生不同組織類型。這項追蹤研究中隱藏著一個關鍵問題，即一個有機體如何得到一個特定形式。整整兩年的時間她都埋首其中，不知未來會發現何種結果。不過，她的有機思考法卻能幫她找到樂趣，就任由這些物質

[14] 同上，P. 131。

材料引領她吧！「它會在每一步告訴你，下一步是什麼。」[15]

耐心的研究終於換來豐碩成果：她發現了轉位現象。當一個染色體因子從一個原始位置轉移至另一個新位置時，便是所謂的轉位現象。麥克林托克又撞見了這個認知，因為她觀察了特定植物的不尋常行為，一株植物的籽粒原本應是無色的，但部分竟然明顯出現色素。那個負責抑制色素形成的顯性因子突然神祕失蹤了，而這種失蹤現象似乎遵循著一個固定頻率、某種規則。現在，麥克林托克可以去尋找基因調節的源頭了。但這不容易，畢竟她只能推測某個因子的存在，再設法確定其位置；即使它存在，也只會在其他基因因子消失時才顯示出來。

麥克林托克將此控制突變的因子稱為AC因子。這個因子就是「一個細胞失去了，又讓另一個得到的是什麼」的答案。[16]這個AC因子改變了它在染色體的位置，這似乎令人無法置信，這就是說，我們可以發現AC因子的原始位置，然後又在其他地方找到。這個轉位的假設似乎出現奇蹟，即一切就此逐漸順應某個相對簡單的模式。

當麥克林托克在一九五一年發表轉位理論時，心中業已明白，她的思考運作與其他同僚相去甚遠；但也許還希望過往成果能為她換來一定的可信度，不過事與願違，外界對她的論文發表先是一陣冷酷的沉默，再是含糊不清的嘟噥，有人還嗤嗤竊笑，最後是斥責，她再三解釋也徒勞無功。情況繼續惡化，她變成眾人的笑柄，宣稱她瘋了，從此不再邀請她做學術演講。怎麼一個精心製作的模式，加上強有力的證據基礎就這樣被拒絕駁回？答案是對麥克林托克思考的另一個提示。

第一個原因顯然是：麥克林托克嘗試描述一個她已經與之共同生活、工作了六年的體系，靠著一株她已經合作三十年的植物，而且是在特殊的孤立狀態下，因此她比現場任何一位聽眾都還要了解玉米。但一個沒有像她這樣不厭其煩以最直接的方式和玉米「溝通」的生物學家，是無法跟隨她的概念想像的。更糟的是她所表達的語言，有些真的宛若她的命題假設般毫無理性基礎，彷彿她是從細胞內部，用全景視角看見似的。就像是她的視覺能力還多了一個面向，一切都要歸功於這個面向，她才能察覺染色體在存活期間發生了什麼事。

然而背後其實還有個較嚴肅的原因，影響了人們對她的觀感。一個決定性的典範轉移正在上演：生物學研究正從觀察性科學轉向實驗性科學，進入一個嶄新的分子機制時代。活生生的有機體被最微小的物理化學粒子所取代，那些如同麥克林托克，仍舊想要探究生命本身

15 Keller 1983, P. 125。

16 Keller 1995, P. 131。

的複雜性與奧祕的老前輩們該退休了。

分子生物學的成功創造了一個秩序想像，簡單的模式在此具有優先權，人們想利用這些模式來解釋整個生命的複雜之處，自然就沒有空間留給諸如轉位之類的現象了。這些現象只會製造障礙，人們急於追求的卻是單純而無例外的模式。這種情勢實際上似乎也維持了好一段時間，彷彿生命原則上已經解釋完畢，只有少數幾個基本問題還尚待澄清。一九四四年學術界出現了一篇論文，文中表示ＤＮＡ是遺傳的物質基礎。這令人聯想到牛頓宇宙模式流行的時代，除了幾個小細節外，這個機械式完美運作的牛頓宇宙模式看似幾乎能為支持者解釋全部的問題。人們有個廣泛的解釋：無論是複雜的生命形式，或最微小、最簡單的有機體，它應該一體適用。不過，科學就是科學，科學家們對其研究領域已經徹底了解的看法高興過早，因為出現了愈來愈多令人憂心的偏差現象，這些觀察將簡單的模式迅速複雜化了。

麥克林托克的工作與這些精采刺激的新發展同時進行。她的生物學屬於另一個世界，她的發現明顯揪出同時代之人在簡單化模式中的錯誤，走在她的時代前面。當時的顯學為資訊來自於ＤＮＡ，不會改變。換言之，這個ＤＮＡ將指示傳送給細胞，並因此操控整個有機體的發展，不會改變。無人願意接受細胞的ＤＮＡ會在特殊條件下重組，光是這個想法就令人極不自在，這表示基因還受到其他因素左右，而資訊也會傳回基因。相反地，生物學家們期盼能得到一個靜止而容易理解的DNA。麥克林托克的研究卻呈現出一個活潑而不可預料的體系：不僅DNA會影響細胞，細胞因子同樣會對DNA產生影響。基因不是天生靜靜躺在那裡，不會發瘋，而是會自動從這邊跑到另一邊，甚至從一個染色體跑到另一個染色體裡，同時不斷帶來新動力，導致基因秩序重新組合。此處又明白顯示，麥克林托克的有機思考，就是因為追著最狂野不羈的物質偏差現象不放，而成功發現一個理論模式中的錯誤。

隨著二十世紀向前邁進，當基因被視為固定單位，如珍珠般串連在染色體這條項鍊的想像逐漸破裂後，大家仍然不承認麥克林托克的轉位理論。麥克林托克相信原因出在那些繼續緊抓自己教條不放的生物學家身上，因為他們不允許對活生生的有機體產生感覺，堅持自己想要的答案。麥克林托克卻認為，「有機體可以做許多不同的事，非常美妙的事。它們能應付一切我們也會做的事，只不過它們做得更好、更有效率，也更美妙。……即使這個想法聽來再怎麼奇怪，日後我們終究會找到每一個想像得到的機制。……假如一個樣品或其他檢驗材料給我們一種印象，它們可能會有這樣或那樣的行為，我們便應該承認這項可能性，而不是將結果視為例外、偏差或汙染擱置一旁。」[17]

[17] Keller 1983, P. 179。

倘若睜大眼睛觀察，麥克林托克便會知曉，那個有機體不僅洩漏一個，還透露出許多由它發展出來的機制，以便調節基因，這要感謝它的細胞正好在正確的時間點，製造出它所需要的資訊。麥克林托克認為，其他的生物學家，就是不允許讓他們的實驗結果自己說話。他們已經先入為主的知道要從實驗物質中聽到什麼，萬一得到其他或附帶的資訊，其距離性思考便覺得這毫無用處。當時大家都墨守既有教條的成規，阻礙他們用清新的眼光來觀察數據。這種含蓄的假設，無意識地在想像得到與想像不到的事物之間築起一道隔離柵欄，長此以往，不熟悉的事物就變得更加無法想像，卻忘了理論與模式是變化快速的。

麥克林托克的工作一再帶給她啟示，基因機制的變化性與彈性遠大於普遍教條允許範疇。例如當她研究大腸桿菌（E. Coli）的染色體偏差行為時，發現到一小組DNA片段彷彿是從另一區細菌染色體遷移到此，顯然這個片段能連接或切斷基因。不久後，人們又在沙門氏菌中發現更戲劇化的基因機動性實例，當中的基因似乎能按心情與興致任意移動。儘管數年前，這在科學家眼中看來仍是幾近不可能的現象，但細菌在此種機制中繁殖似乎十分合乎邏輯，因為它大大提高了細菌的適應力。人們激動地看待這些會移動的基因因子，將其稱之為「跳躍的基因」，下一個問題當然就是：轉位現象也會出現在較高等的有機體中嗎？

麥克林托克先前遭受冷落排擠、也引來嘲笑的研究，終於熬到獲得平反的時刻。她在玉米中發現的那個有控制因子存在，甚至能夠確切調節基因如何運作之時間點的證據，證明並非不正常的行為，而是正常發展過程的一部分。這種偏差行為就是引導我們去理解更高類目的關鍵，即基因機動性其實就是適應能力的另一個演化形式。如今，我們亦可在哺乳動物身上觀察到轉位現象，只是這對基因組織、其發展與演化代表什麼意義？是否如麥克林托克所說，它代表基因改變的發生絕非偶然，而是有機體對來自環境的壓力所做出的反應，仍舊有待商榷。可以確定的是，自一九八三年麥克林托克獲得諾貝爾醫學獎後，她在現代生物學史上便佔有重要地位。這個轉位概念曾經只是出現在一位科學家腦中的古怪念頭，現在儼然成了新興演化發展生物學最重要的元素之一。

我們為何喜歡妄下斷語

即便我們時常形容自己是很實際的人，但其實人人都是理論家。一個理論家會以帶著一概而論、固定範疇、價值判斷與模式極為明確的視角來觀察某個現象。一旦他碰見可能與他理論相矛盾的背離現象，便會試著把這些新資訊中每個完美符合既有理論的附加資訊編排在自己既有的理論中，而非逆向操作。事實上，我們大家不都一直這樣做嗎？

試想，假如您得到某些可能和自己固定思考方式相矛盾的新資訊，理性往往會將它視為干擾。當概化觀念受到威脅時，對自發性思考而言就會感到極端困擾。我們該拿這個新視角怎麼辦，難道要把整個世界觀，這個已經累積多年、漸趨完善的經驗與知識都重新排列嗎？正由於如此，我們才無意識地確保不讓自己對世界的判斷與觀點受到干擾，即每一個新資訊都被我們巧妙地轉換模式，成為既存理論的證明。或者乾脆拒絕它，形容它不可靠、禁不起考驗或沒經過證明。

個人明確的意見、生活型態與習慣並不常被突然闖入生活中的某件新鮮小事徹底顛覆。腦中會出現的計畫，是繼續保留我們評估後認為似乎可行的部分。假如他思想開放，經由某人的有趣故事就能對一個自己原先相當敵視的國家有了全新印象，他在政治的評估上就可能被掏空，被迫建立新價值。又如同當我們面對一個具有說服力，卻與自身想法完全矛盾的嶄新觀點時，甚至必須去接受另一種生活方式，便可能造成思想上極大的混亂。這種情形也許會引發我們對現實想像的懷疑，因為它傳遞了一個訊息，這個我們遵循的生活模式既僵硬又不完整。人處在此危機時刻會傾向優先相信主觀真相，而非事實。只有在事實符合那個主觀真相時，我們的理性才會相信它。

新資訊所引起的干擾，往往是我們概化習性的頭號敵人。證據充分的認知錯誤會喚醒理性慣性，做下操之過急的結論，即「草率概化」或「錯誤概化」。所謂「草率概化」就是以有限經驗去發展一個理論或模式，沒有顧及到全部的變化類型便妄下結論，還主張能描述這個現象的整體。這種現象時常發生，最佳實例便是僅根據一個小測試群組而產生的統計數字，這時研究者會希望從中獲得涵蓋全國人民的全面性結論。而在個人方面即可能會發生以下現象，當我們從新聞報導中讀到政治貪污事件，便一概而論認為政治家都會貪汙或不可信任；或者我們一再受朋友欺騙，便認為世間沒有真正的友情；假如遇見一個刻意獲取失業救濟金利益的懶鬼，也許就擴大判斷所有領取社會福利金的人都是懶鬼。我們將這傾向稱之為「Fallacy of the lonely Fact」，僅根據少數案例而得出的孤證謬誤。「錯誤概化」可能會導出其他錯誤結論，無知者或種族主義者也許甚至會不幸地認為來自特定國家的居民，其基因是劣等的；或者窮人就是因為自己活該。當然，他們會故意忽略一切會危及已經做出之概化結論的資訊。

一概而論會令我們印象深刻，因為它顯得十分肯定。特殊與個別案例對速成意見的產生毫無用處，它們只會明顯地要求我們付出更多的勞心與注意力。由於我們既沒時間，也無精力，因此判斷得快，而無論政治觀點或對他人的看法，每個意見在某種程度上都是「草率概化」。一個意見的形成，意味著必須將無數干擾性細節都忽略不計，以便做出固定判斷。所以意見從不會是「友善親切」的，其中潛藏著拒絕一切新資訊的態度，因為它們可能會威脅到個人意見。人們往往不想花心思去研究許多小而複雜的細節，我們想要認為自己對事物了然於胸。不妨想想，您在日常生活中有多少次逕自推拖某些事，只因為您沒精力或沒有興趣從頭再來思考一次。還有什麼比懷疑與猶豫更令人疲倦的呢？

理想情況完全是另一個樣子。在我們早已做完判斷之後，會造成干擾的小細節卻突然跑進畫面，這可視為一個讓我們變得更加聰明的大好機會。想到愈多小細節，畫面就愈完整，我們也就愈能依賴一個真正全面的誠實基礎做出判斷。不過這也代表，我們的思考方式必須做一百八十度的轉變，也就是特殊案例不能再立刻被列為普遍、熟悉規則的一部份，必須仔細觀察，並思考它們會如何改變現有規則。在一個受到統計式思考支配的時代，這並不簡單。例如許多人都把單獨一個同性戀者視為所有此類性傾向族群的代表；每個單親媽媽都可做為全體單親媽媽問題的典型範例。然而正是如此，就像單獨一塊岩石可以告訴我們整個宇宙的歷史，或者單獨的心理便足以顯示人類潛意識基礎祕密一般，這個新的思考方式也許不失為一條能向下走到微觀層面之路，在這個顯微鏡下的層次，全新的事物都會變得無比清晰。

統計式思考是構成距離性思考的主因。它雖有用，卻隱藏著危機，因為距離而無法看清實際與具體的單獨案例。例如某政府因為亮麗的經濟成長而揚名世界，但同時許多人民卻必須為了繳房租而艱苦奮鬥，此時我們究竟應該採信那些數字，還是人民實際的經歷？

我們的腦袋會不斷得到密集訓練，使眼睛能一次掃描所有染上統計與預測色彩的事物，不過真相卻必然無法純用數字來表達。真實的生活是更多面的，由更多個別因子構成，是統計數字永遠無法全面顧及到的。儘管我們確實需要普遍化的模式來應付現實真相，但仍舊不應受到這些模式的過份限制與束縛，因為觀察生命的視角會因此變得片面、主觀、凍結、理論化。假如我們硬要將現實生活的數據鑲入統計數字，便會產生隔閡。麥可林托克的思考形式讓我們學習到，一個統計偏差能為我們帶來至少和統計正確性一樣多的認知。

從許多方面而言，心靈上傾向概論化的習慣，使我們看待世界時，無法以它的真正面目，也就是一個複雜、活潑而無法掌握的現象來觀察。一般思考方式看待世界如同一個清楚、不動的畫面，因此倘若我們觀察某個特定現象，尤其會看見反射在其中的自我想像。假如您想利用這個認知來玩個遊戲，不妨設想一個您個人的普遍性看法和一個完全不符合、或至少動搖此普遍原則的特殊狀況，譬如一個典型的例子，我們想像哲學家都是與世隔離且和「現實」生活脫節的人，但漢娜·鄂蘭可說是最佳的單一相反實例，她對當時極端重要的政治問題都做出詳盡分析，且影響深遠。

另一個不錯的練習是，每當干擾現象，即每個現實生活中會打破原本應有流程的偏差行為出現時，便立刻提高警覺，突發疾病便是很好的例子。假如您發現自己總是不自覺地習慣認為，這種身體發生疾病的不正常狀態只是一個討厭的干擾，那麼不妨自問，究竟我的視野中缺乏什麼，導致我將這個狀態視為干擾？倘若您只是不耐煩地等待疾病消失，好重新回到正常的生活，也許就會錯失一個關鍵，即說不定這個疾病就是一個重要暗示，提醒您應該審慎思考自己的生活方式了。

或者亦可嘗試觀察某個特定現象一段時間，不要縱容自己做操之過急的判斷，而是先真正從各個方面觀察，也許您會發現，自己一時之間根本無法提出意見。假如我們稍後再次思考自己的意見，就有機會發現不可預見和出乎意料的觀點。不要只看到我們想要看見的那些已經熟悉的真相模式，應學會退出只能一再看到自身反射影像的鏡廳，學習做為另一件事物的精神反射。不妨將此想像成一台架在某個物體前面的照相機，它不會自己發出任何聲響，也不會做出干擾舉動。我們可以用這種方式學習觀察自身偏好與潛藏的假設，因為這些假設無意中定義了我們能看見與不願看見的事物。結果不一定完美，因為人在某種程度上總是會選擇性的觀察，但可以藉由這種訓練將自我的視野明顯擴大。

植物不是塑膠做的

我們若將麥克林托克的特殊科學研究方式，也就是她那「純淨、清澈的觀察法」與物理上的「觀察者效應」聯想在一起，是極其有趣的。這個概念是指純粹的觀察行為會改變觀察對象，十分符合對麥克林托克的直覺理解，倘若我們愈將自己視為觀察者，發現的東西就愈少。觀察者無法像一面毫無塵埃的鏡子般忠實反射事實，只會扭曲畫面。換言之，假如我們用自己的規則去干涉，便幾乎無法完全揭露大自然的規律。

為了將觀察者從畫面拉開，麥克林托克解釋，必須不計時間代價，耐心傾聽「物質材料要對你說的話」，並坦然地表示，「這樣一來，它們才能接近你」[18]。麥克林托克和有機體共同工作，它天生就是慢郎中，一年最多也只得兩次玉米收成，雖然如此，她卻仍舊覺得太快，畢竟若真要徹底分析所看到的一切，一次收成就綽綽有餘了。

一個有機體，她說，並非只是一塊塑膠，有機體是以一個單位在運作與溝通的，因此假如我們將它拆散，只分析某部分，便無法完整掌握它。如果我們要在它的整體中了解它，就

18 Bernd Martens, Explorative Analysen zeitlicher Verläufe, Berlin 1991, P. 183.

必須先將自己變透明，麥克林托克認為，唯有如此才能得到意外的知識。

麥克林托克的思考概念要比大多數人來得平易近人，所以她也從不忘記植物是活的生命，而我們大多數人卻將它視為理所當然的存在，不會有特殊作為。她能留意到植物敏銳的感受、對觸摸的反應，所有一般人只會匆匆一瞥將之忽略的訊號。有一次她說：「假如我們在一個溫暖的晴天，沿街走下去，就可看見鬱金香的葉子會旋轉到讓葉片表面向著太陽……其實它們在自己有限的生存空間裡，超乎想像地能動呢。」[19]

她認為，深植於精確性的科學性思考對活力毫無接受度，但這種接受力卻對全面理解生命異常重要。她將研究客體當作一個獨立自主的主體，「有機體」這個名詞在她來說，彷彿是個密碼，不僅是一株植物或一隻動物，而是一個生命形式的名字。而麥克林托克的研究方法中好像存在著一個支配大自然感受的基本單位，「我們不可能在兩件事物之間劃一道分隔線。雖然大家似乎常常都打算這樣區分，不過這條分隔線是不存在的。」[20]

人們普遍認為，科學能使我們愈來愈接近最終的「真相」，麥克林托克卻相信，純粹的科學方法無法帶來「真正的理解」，譬如科學就沒有替麥克林托克的基本單位感受預留一些空間，所以它為我們端上檯面的大自然也會是支離破碎的，它固然能從某些特定角度提供問題的解答，但絕對無法全面解決問題。

倘若我們能接受慢速觀察，將此作為建立價值判斷的一部份，避免普遍蔓延的認知錯誤，導致操之過急的判斷，也許就能放棄這種速食心理滿足，做出較成熟的判斷。假如您放慢思考的腳步，多花些時間，讓問題的每個部份都逐漸浮現出來，並付出耐心，讓還沒有答案的問題在腦中生活一段時間，最後問題很可能會自行製造出答案。

---

19 Keller 1995, P. 203 pp.

20 同上，p. 208; Nathaniel C. Comfort: The Tangled Field. Barbara McClintock's Search for the Patterns of Genetic Control, Cambridge 2003.

第四章

西格蒙德·佛洛伊德

挖掘者，或燒焦布丁的秘密

無論我們有意或無意，大家都在說「佛洛伊德語」。我們想理所當然地使用一些像是壓抑（Verdrängung）或投射（Projektion）、精神官能症（Neurose）或手足競爭（Geschwisterrivalität）等佛洛伊德的概念。如果一位歷史學家說，我們處在一個「自戀時代」，他不需要解釋這是什麼意思。流行文化也超愛這個語言，幾乎沒有一個電視節目、情境喜劇或紀錄片中不會碰到佛洛伊德的概念。從專業角度來說，就如心理學教授蘇珊・克勞斯・懷特伯恩（Susan Krauss Whitbourne）所寫的，西格蒙德・佛洛伊德在心理學領域等於牛頓在物理學的地位。他的潛意識理念成為後世理論的基石，這些理論都建立在他的原則之上。縱然無人能否認，他的理論強烈影響我們看待自己的方式；縱然無庸置疑，他是世界史上名聲最響亮的心理學家，然而我們的文化似乎還對他個人抱持不少矛盾情緒（或稱矛盾雙重性，Ambivalenz），這也是他的概念之一。

如同一百年前，直到今天佛洛伊德仍然備受爭議。人們稱他為天才，現代人文科學中最重要的人物之一。但也有尖酸刻薄者形容他是誤入歧途的心理學家，一個獨裁者、謊言大師、甚至是騙子，整體可歸納為四個字：江湖庸醫。另一位同樣影響甚鉅的二十世紀人物查爾斯・達爾文，雖然很快就為他的著作《物種起源》（*Über die Entstehung der Arten*）找到大批狂熱興奮的讀者，但他那人類起源的理念宣告挑釁味十足，如今人們基本上也不再懷疑他了。反觀佛洛伊德的處境卻始終無比艱難，他那關於人類秉性的理論深具顛覆、違背傳統，也令人驚惶失措，自始便遭遇到恐慌反應。舉個典型例子，威廉・維甘特（Wilhelm Weygandt）教授在一九一〇年的漢堡德國神經學家暨精神病學家會議上主張，佛洛伊德的理論不屬於學術會議，而是警察該處理的案件。

對佛洛伊德遺產爭吵不休的各派系立場南轅北轍，幾乎永遠沒有獲得共識的可能。許多研究也帶來更加紛亂的結論，例如西摩・費雪（Seymour Fischer）與羅傑・格林伯格（Roger Greenberg）各在一九七七年與一九九六年藉由經驗證據支持佛洛伊德的幾個構想，包括著名的伊底帕斯情結（Ödipus-Komplex）。丹尼爾・康納曼亦指出，我們已能透過實驗來證明佛洛伊德關於象徵及隱喻在無意識聯想方面的角色發現。反之，其他人卻認為，佛洛伊德的概念甚至使心理學與精神病學倒退五十年或更久。而且，神經科學家與諾貝爾獎得主艾里克・坎德爾（Eric Kandel）更解釋，精神分析依舊是心理觀察最具說服力、最能滿足理智的荒謬看法，並讓許多人不以為然地發現，精神分析根本不是科學，說得好聽點不過是一種藝術形式，說得難聽些就是騙局。以上看來，一句最貼切的結論便是：最後大審判尚未到來。

不過，為何這些論戰總是帶著濃厚的情緒色彩？在這些強烈的責難非議背後，是否潛藏著更深層的抗拒？不錯，佛洛伊德絕非零缺點，既包括他的理論，也包括他的個性；但這些批評幾乎也能用在歷史上其他天才上。會不會是有個無意識，或甚至幾乎不敢說出口的精神分析原因，將佛洛伊德定位在既是英名永世，又極具爭論性的人類內心世界發現者？

僅有少數人知道，這位最不按常規、大膽邁進充滿禁忌的性國度研究學者，每一步其實都在自我掙扎。他對自己性慾（Libido）相關論述深感震撼的程度，幾乎不亞於他的大多數讀者，畢竟他是個十分典型的市民階級者。然而，他將此視為自己的醜聞，「撥動世界的睡眠」[1]。他的精神分析是市民階級社會中所有隱瞞、虛偽和禮貌託辭的頭號敵人。由此觀之，這麼多人聯合起來自衛，對抗這個訊息會是讓人驚訝的怪事嗎？

我們在佛洛伊德毫不留情的照妖鏡中，看到人類心理的駭人畫面，可能就是佛洛伊德至今仍然被人視為贊同與拒絕混合體的原因之一。似乎是我們的文化存心報復，因為它的自我形象遭到破壞，一個文明人不能再認為自己的心理完全健康、理性、能自我控制，而且道德高尚。佛洛伊德認為在所謂的健康與精神官能症患者之間，並無本質上的區別，人與人的差別完全只在於精神官能的嚴重程度。他將隔離「正常」與「異常」的高聳圍牆拆掉了，把一個正常人隱藏起來的心理障礙全部攤在陽光下。人人心中都有一個神祕世界，神祕到我們把它藏得連自己都找不著，而他卻把大家都變成心理學可以透視的人，我們也因此成了欺騙者、偷偷摸摸的人，可是卻會在每個夢境、每個口誤、每個一閃而過又想逃避的念頭中讓自己原形畢露。

不僅如此，佛洛伊德還揭露了生命本質是非理性的，只是受到自身並未察覺的無意識本能慾望所決定，只是表面上認為自身決定是經過冷靜考慮的。忽然間，受控制的自我卻消失不見了，佛洛伊德為我們呈現出人駕馭不了的黑暗與古怪世界，而這兩個世界卻能無意識地高明操縱整個人生。佛洛伊德為自己訂下明確的目標，是為「以冷靜的方式戰勝魔鬼」，亦即非理性魔鬼。[2]這個「冷靜的方式」絕妙之處就在於，它能夠挖掘並探究潛藏的力量。我們完全能夠體會佛洛伊德因為打破兒童性無辜的神話，給外界製造的震懾效果，或對一個健康的孩子竟會盼望父親之死而感到惱怒驚駭；還有女性對腦中充斥「陰莖嫉妒」念頭的說法憤而抗議，在在都是令人諒解的反應。今如往昔，我們已經文明化的理性，當然認為這種對父母懷有性慾感覺的想像無可忍受。佛洛伊德淡定地主張，孩童亦如成人，有正常和精神異常的，天生就具有性變態和無意識的兇殘性格。這麼說來，佛洛伊德分明是刻意針對我們做出挑釁的，我們的精神是其白老鼠，得接受他那「心靈顯微鏡」精準的檢驗。他將我們固若

1 Josef Rattner/ Gerhard Danzer: Psychoanalyse heute. Zum 150. Geburtstag von Sigmund Freud. Würzburg 2006, P. 23.

2 Sigmund Freud, Brief an Stefan Zweig, in: Stefan Zweig, Briefwechsel mit Hermann Bahr, Sigmund Freud, Rainer Maria Rilke, Arthur Schnitzler, Frankfurt am Main 1987, P. 172.

金湯的防禦城牆都拆毀了，光是這點，就有太多人永遠也無法原諒他。

對佛洛伊德來說，每個正常人一定都帶著內在分裂而活，因為這是我們生活在一個文明社會所必須付出的代價。文明把我們心中的某些願望都宣判是錯誤而明訂禁止；從那一刻起，文明便將我們的心靈世界切割成許多不同的區塊。所以，是文化發明了我們的潛意識。突然間，人必須把他內心大部分的本能慾望，也就是自己不再願意見到的部分，都封閉在黑暗的地窖裡，因為他得嘗試做一個文化要求他做的人。這就是所謂壓抑的時刻，就是許多願望被迫退居表面之下的轉折點。佛洛依德認為，我們自此受到內在分裂的詛咒不得翻身，若無文化為我們拉起界線就無法存活，同時卻永遠無法獲得真正的自由。

無論這些願望需求多麼迫切，這種發展結果導致人類必須學習放棄特定的熱情與願望，只為了社會的和諧，或只是維持自己受人尊重的市民形象。基於唯恐不受約束的行為發生，世界必須將基本的人性衝動貼上下流、不正派、不道德的標籤。不應該有人會覺得受到母親或女兒的性吸引，不應該有女兒企盼母親的死。然而在我們內心深處，佛洛依德認為，這種願望繼續存在，它們是無法摧毀的。一旦他否認，便會引發心靈、情緒與肉體上的障礙，性慾的刺激會變成恐懼，不受歡迎的需求將以「症狀」呈現。壓抑也許痛苦，但若將這些祕密挖掘出來，恐怕引發的不快與痛苦將有過之而無不及。佛洛依德身為一個已經入侵我們最神祕思想的人，就此成了惹人厭的英雄。

埋沒城市的挖掘者

佛洛伊德式革命是從一群機靈、專心致志且受到震撼的聽眾們開始的。佛洛伊德的良師益友心理醫師約瑟夫．布羅伊爾（Josef Breuer）是第一位由此獲得卓越知識的人，他發現傾聽能在患者身上發揮治療效果。這都要歸功於一位年輕患者蓓塔．帕本海姆（Bertha Pappenheim），布羅伊爾後來以假名「Anna O.」永垂青史，這位女患者開啟了精神分析的濫觴，不僅如此，她也是心理疾病療法真正的革命起點。在父親重病去世後，帕本海姆身上突然出現一些稀奇古怪的症狀，最後惡化到形成兩個性格極端迥異的人，其中一種人格完全無法控制。

布羅伊爾和他那極其聰穎的女病人以事先不抱任何企圖的態度嘗試一套程序，後來帕本海姆將其喚作她的「談話療程」。該程序在她身上顯示了內心淨化的效果，將重要回憶以及強烈感受都帶到這個原本正常的自己無法記憶，或無法啟齒的表面。此外還發現，在她的症狀背後還隱藏著她從前必須壓抑的剩餘感覺與衝動。醫生與年輕女人首次共同成功辨識出這個由心靈編織、紛亂而難掌握的非理性聯想之網，宛如一隻被自己編織的複雜之網纏住，不知所措的蜘蛛。他們有了一個驚人發現，假如完全刻意做出一些不希望回想的聯想，這個蜘蛛網便會不知怎地突然能解開了。

我們必須先了解那個時代背景，才能真正意識到這項認知的重要性。在那個環境下，治療精神障礙時普遍忽略病人的心靈因素。當時人們認為，心靈是完全依賴身體、神經系統與大腦的。「精神官能症」的概念來自於希臘文「神經」（neuro），有人願意傾聽一個歇斯底里的女人不停喃喃低語，這件事本身就是一項革命。不過，後來的突發事件把布羅伊爾嚇得放棄這個病例，並將蓓塔轉診給一位同事。

在她所有症狀都受到控制之後的某日晚間，布羅伊爾又被請到這位年輕女子家中，醫生發現他的病人神智混亂，她以下腹部疼痛為由求助。詢問她究竟怎麼了，她回答：「現在這孩子要出來了，我和布羅醫生的孩子。」

佛洛伊德後來表示，此刻有人遞上一把鑰匙給布羅伊爾，不過他既無能力、也無意願去使用鑰匙，就任由它掉了下去。此事說明了第一項發現，這種歇斯底里症狀是某種精神創傷的反饋；另一項完全不同的發現就是，這碰觸到了蓓塔歇斯底里的性根源。對布羅伊爾來說，這必定是個紮實的驚嚇體驗，他頭一次遇見「移情」現象，也就是病人把對某特定人士懷有的感覺，例如對父親與母親的矛盾關係或情慾感覺，轉移到治療師的身上。

佛洛伊德何以有勇氣接下布羅伊爾拋棄不顧的任務，並且進入到患者心靈深處的最底層呢？他認為，任何一個面對踏入人性精神黑暗區時的猶豫態度，都是戰場上膽怯的退縮行為。更進一步來說，布羅伊爾對直接呈現在他面前那令人驚駭的激烈真相打了退堂鼓，佛洛伊德認為這是一種心理上的反抗行為，亦即有意識的理性，抗拒了真正分析家的銳利眼光。布羅伊爾對性的理性拒絕，在佛洛伊德眼中似乎是非理性的，他有意識的理性被一股劇烈心靈騷動所牽引，於是他退縮了，並試圖以理智辯護。佛洛伊德則認為，人類有意識的自我反射都只是一種表現，好比一家商店中陳列了許多商品，但我們只看見想吸引顧客的東西。

佛洛伊德不僅極為堅定，甚至立下規則，無論多麼輕浮、可恥或無意義，都要求他的患者應毫無保留，全盤托出腦中閃過的念頭。他曾寫道，一個精神官能症患者，絕不會說出無意義的話。[3]如果病人突然說起看似毫無關聯的主題，也許甚至是關於科技或無聊的事物，佛洛伊德也會聆聽。假如病人沉默不語，就追問他腦中出現什麼念頭，絕不接受病人回答「沒什麼」。

[3] Ken, Corbett, Boyhoods, Rethinking Masculinities, New Haven u. a. 2009. P. 40.

到了一八九二年左右，他的不屈不撓使得自由聯想這門技術逐漸成形。佛洛伊德放棄社會較能接受的催眠療法，他發現未經審查的談話對其研究調查工作而言，是一個更有效率的工具。經過分析的病患對他來說，非但不是心靈殘破的人，反而是他的老師，他將傾聽變成不光是一種藝術，而是一個方法、一條通往理解的道路，由病患逐漸為他描繪出自己的理解。此時的佛洛伊德距離那張我們熟知的、面無表情的沉默心理分析家照片還相當遙遠；事實上，他是個異常活躍的傾聽者，幾乎到了帶有攻擊性的地步。他詮釋病患的告白十分迅速，且批判性強，更不厭其煩地繼續挖掘，以便找出情緒上更深一層的痛苦。他總是在病人的敘述中尋找裂縫與斷層，始終糾纏不休惹惱病患。例如一位早期患者男爵公主凡妮（Fanny）便惱怒地要求他「不該一直問這或那從哪來，應讓她繼續說她……要說的話」。[4]

佛洛依德藉著仔細傾聽他的第一批病患中學到了，即使最微弱如絲、瞬間即逝的想法，都能引領他進入心靈的地底世界，到達那藏匿動機等候埋伏之處。例如當「Lucy R. 小姐」前來尋求治療時，她最明顯的症狀是感覺一再被重複的印象如影隨形地跟蹤，老是聞到燒焦的布丁，這使她聯想到憂鬱的感覺。九週後，佛洛伊德成功治癒她的症狀。他並不將這種怪異的感官錯覺視為無關緊要，反而繼續鑽研，尋找問題的根源。他很清楚，為何特定味道總會引起某種特殊感受，其中必定有真正的重要原因。他是對的，「Lucy R.」是某位富有鰥夫聘僱來照顧孩子的英國家庭女教師，不料她卻悄悄愛上雇主。當她發現他對她的感覺反應冷淡，遂黯然決定離開；但因為孩子們已經進駐她的心，這同時代表她也會與難捨的孩子們失去聯絡。當她正在對這個即將面臨的失去思前想後時，她的布丁燒焦了。

這類佛洛伊德生涯早期的經驗使他確信，運用傳統醫療方法是無法探究精神障礙本質並承認心靈層面的優先權。心理在此首次獲得獨立地位，擁有了屬於自己的世界。布羅伊爾朝此方向邁出的第一步，激發出佛洛依德的靈感，他用心傾聽病人是值得的。如同佛洛伊德的正式傳記作者歐內斯特·瓊斯（Ernest Jones）所形容，深層心理學是因為佛洛伊德才首度得以問世。

揭發性的思考

他之所以能突破障礙，進入充滿困惑與古怪的心理世界，全都歸功於一種思考方法，我們在此稱之為揭發性的思考。一般慣有的思考法，表面思考，永遠不能穿透到真正的心靈深

4 Peter Gay, Freud. Eine Biographie für unsere Zeit, Frankfurt a. M. 2004, P. 70.

處。原因很簡單，因為它只能將浮現在理性表面，而且能具體呈現的事物視為真實而接受。換個方式來說，這是一種嚴格的物質主義進行法，認為只有直接感受得到的事物才確實存在。它從不懷疑隱藏在一個明確陳述之後的力量，也不想花心力走到幕後去看個究竟；僅忙著思考表面、淺顯的現象。

揭發性思考必有一個較深的層面，其視野總是在尋找現象之下那看不見的層面。這種思考方式反倒使人容易聯想到考古學家，而非心理學家。事實上，佛洛伊德也真的將這種研究過程比喻為一次挖掘遭掩埋城市的考古。用心仔細的考古學家總是在地表層上方懷著某種預感，總是推測他腳下可能藏著一整座被埋沒的城市。而佛洛依德說，歇斯底里症研究者就像是一個發現者，挖到一座荒城的殘骸，找到圍牆、樑柱與刻滿半褪色碑文的石碑，可供挖掘和清潔；幸運的話，那些石頭還會對他開口說話。病人藉由壓抑的過程，在內心築成了這些埋藏地底的世界，卻只對心理分析家展示那座自己重建的美麗新城市，以便掩蓋他過去的廢墟，於是分析家必須扮演病患心理的考古學家。

因此佛洛伊德閒暇之餘寧願閱讀考古學書籍，而非心理學資料，我們也不會感到訝異，他更是不錯過每條考古出土消息的狂熱愛好者。他的心理分析室裡擺滿了希臘、羅馬與埃及古文物。正如一位來到伯格街（Berggasse）十九號的患者所描述，那房間不像醫生的診療室，反倒讓人覺得是考古學家的辦公室。在一封給友人的書信中，佛洛伊德將分析成功的案例與海因里希・施里曼（Heinrich Schliemann）發現特洛伊遺址相比擬。透過佛洛伊德的幫助，一位「被各種幻覺深深掩埋」的病患從「他的史前時代」找到一幕情景，「所有剩下的謎題通通要回歸此景。……這情形彷彿施里曼再次挖掘出保存完整得令人難以置信的特洛伊。」[5]當他對另一個病例的分析得出不完整的結果時，又將它與「雖殘缺不全，卻依舊無價的古希羅文物碎片」相比較，畢竟它們能「從沉睡已久的地底重見光明」，足以讓他成為「快樂」的學者。[6]

揭發性思考圍繞著一個中心原則，即一切浮現到意識表面的思想，不過是另一件事物的代理人或掩飾。因此明顯呈現的念頭、情緒與行為方式僅僅是密碼般的象徵，必須謹慎破解。我們可清楚看到，這個原則貫穿了無數佛洛伊德所做的發現，直到今天學者們仍爭論不休。例如恐懼取代性刺激，也是輾轉表達性需求受到壓抑的方式；雪茄癮（如同其他每一種癮）代替手淫；假如夢到蒼蠅，這個夢便是要取代孩童被父母捧上天空的刺激；夢見一支斷

---

5 同上，P. 198。

6 Andrea Lassalle: Bruchstücke und Portrait: Hysterie-Lektüren mit Freud und Cixous, Würzburg 2005, P. 71.

掉的筆則象徵性無能或害怕性無能。揭發性思考認為在心理的宇宙中沒有偶然，無論看似多麼隨意，每一個事件，都是一個原因關係網中的某個結，這些關係的源頭距離如此遙遠，數字多麼龐大，交互作用這樣複雜，以致無法直截了當解釋。佛洛伊德藉由這個起步，即使面臨令人眼花撩亂的特技表演，幾乎不可能的思想大轉彎和每個抗拒理性的思考法，都能夠比較容易去追蹤糾纏不清的怪異思想。

揭發性思考亦能注意到一溜煙便無影無蹤的暗示，指引我們地底城市的掩埋處。它會一路跟隨，朝著表面思考容易忽略或寧願視而不見的記號前行，比如燒焦布丁的味道。它甚至懷著一種對細節與錯綜複雜，對「偉大的心理本質藝術作品」[7]的讚賞和欽佩，一如佛洛伊德本人的描述，表面的思考無法進入潛意識的複雜世界，就算成功滲透，它也會在密密麻麻又無止盡的關係灌木叢中迷失，這個關係灌木叢就是構成心靈圖案的非理性。

我們無需臥在躺椅上或去做心理分析的自我實驗，亦能碰觸到自己的聯想之網。不妨做個思想實驗，任意選擇一個偶然對象，例如某城市名、一個身體部位或大自然的現象，即便這些連結看來也許荒謬，就讓自己對於此對象的感覺、情緒、畫面與念頭通通浮現。直接對一切浮現出來的事物提出這個典型揭發性思考問題，「這令我想起什麼？」，我們會立刻發現，一件事物將不斷引領大腦前往下一件事物。由此形成一個無法理解的無際關係網，有時充滿意義，有時荒謬不可思議，偶爾甚至兩者皆有。大腦自動將聯想編織成網，我們的思考也會受其影響，而自己根本意識不到。我們必須明白，每次思考一個特定對象、觀察一個特殊身體部位或想到一座城市，立刻會有一連串無意識的聯想在進行。正是基於這個因素，一條思想脈絡經常如此紛亂糾結，充滿各種聯想，以至於無法想起最初是什麼念頭引到一個特定想法的。

表面的思考對密集的聯想過程興趣不高，它只看最後結果，也就是世間理性最後呈現出來的內容。它認為這個結果是真實的，此種思考法能輕易讓人確定自己理性的、經過整理的思想值得信任，其中也包括他人的虛偽。表面思考的誘惑力當然不難了解，揭發性思考則必須付出極高的代價，會因為這個思考法而完全失去自我的純真。一旦我們發現，每個人，包括自己在內，能將多少事物不斷掩埋遮蓋，腦中便不禁浮現出那句常被引用的經典名言來：無知是一種祝福。

---

[7] Gay 2004, P. 300.

沒有所謂的怪夢

在其他病人尚未躺在佛洛伊德那張聲名遠播的沙發上前，他已擁有一位極其重要的患者，被密集的揭發性思考擺在放大鏡下來檢視，也就是佛洛伊德本人。雖然他對真正的自我分析可能性明顯抱持懷疑態度，仍舊逼迫自己接受最徹底的考驗。直到三十好幾，他一直詳盡、敏銳地遍尋自己回憶的碎片殘骸、隱藏的願望與情緒感覺。對他而言，自己的人格無疑是另一個資料來源，他逐漸成形的心理學尤其也是一種迫切嘗試，去探索他與病人共同擁有的症狀。

當佛洛依德的父親在一八九六年去世時，他不得不分析自己哀悼的過程。他與本身的喪父之痛保持距離，以便為他的理論蒐集資料。在這些傷痛的日子裡，揭發性思考幫助他在哀傷的現象之下發掘出生還者的罪惡感，我們經常可在喪親的家人中見到此種自我責備現象。

佛洛伊德亦滿腔熱情地蒐集他的夢境、回憶、口誤、筆誤，甚至是自己都記不得的詩句，或已遺忘的病患姓名。他將所有一切視為跡象證據，從一個靈感到下一個靈感，利用自由聯想去追蹤偵查。有一次，他做了一個夢，夢裡他的導師賦予他一項詭異任務，要將自己的下半身大卸八塊，他從這個夢得到一個自我分析的象徵。一八九七年，他意識到即將有大事發生。他寫道，覺得「自己在一個繭中，天知道破繭而出的會是隻什麼樣的蟲子。」[8]幾天後，他有了重大突破。他的壓抑被解放了，感覺兒時回憶與被禁止的願望如排山倒海般淹沒了他，感到自己彷彿被強拉著穿越他整個過去的人生，但思想又能同時如閃電般建立連結。

佛洛伊德在挖掘自己深埋地底的城市，並從中得到許多他的基礎理論。他回想起孩提時代愛上自己的母親，因而嫉妒父親，於是將此伊底帕斯式的關係視為兒童時期普遍現象。他的潛意識從此完全為他而開，也使他能夠發現更多普遍原則，例如無意識的罪惡感與其中複雜機制是如何從夢中形成的。

夢境對他而言是一個特別可靠的資源，是「潛入無意識的王道」。似乎萌生自最深層的地底世界，因此也特別難以理解。每一個夢，即便再荒謬、被肢解得體無完膚，一旦接受揭發性思考目光的檢視，也會原形畢露，變成饒富意義的心理結構。我們可以將佛洛伊德的眼光比喻成顯微鏡，他透過顯微鏡把看不見的隱形世界，把那些表面的、有意識的理性沒察覺到的世界都放大了。假如來自地底世界的跡象與暗示浮上表面，就好比外星人來到地球，他

---

8 Annette Meyhöfer, Eine Wissenschaft des Träumens. Sigmund Freud und seine Zeit, München 2009, P. 159.

們都會帶來更深層真相訊息的資訊。

倘若想要了解一個夢境的意義，佛洛依德認為必須要學會說夢的語言。儘管夢中可能塞滿了許多看似雜亂無章的故事，但其實它們都暗藏各自的秩序與規則。解夢者這時必須一人分飾三個角色，即古代文字學者、翻譯者及密碼破解人，必須將潛伏在夢中的思想念頭與夢境明確內容並列觀察。他要同等對待兩邊的內容，一個事件會以兩種不同的語言呈現出兩種版本。為了能解讀表面上恍若毫無意義的拼圖，首先必須學會不要對夢的荒謬感到訝異。他必須知道，這個夢似乎瘋狂錯亂，但仍有一個專屬的瘋狂邏輯。佛洛伊德在此又追隨揭發性思考的基本原則，也就是浮現在表面的全部事物都代表一個深度關聯。佛洛伊德發現，思想在夢中以畫面出現，抽象理念會化成一幕幕具體情節。假如我們能耐心將每幅畫面用一個音節或字眼來代替，「石頭便會開始說話」，我們也將明白，夢是帶來清楚訊息的傳遞者。

佛洛伊德這種揭發性思考在分析夢境時發揮了驚人的執著態度：他將自己的第一個夢詮釋成痛苦自我分析的一部分，並在其代表作《夢的解析》（*Die Traumdeutung*）中描寫得鉅細靡遺，分析長達密密麻麻的十五頁。不過，即使他將每個夢的個別元素根據過去新舊經驗一直追溯到源頭之後，佛洛伊德還認為詮釋得不夠完整。他說，這個夢其實還能讓他繼續追蹤，「從中挖出更多的解釋與說明，並探討它所拋出來的新謎題」。[9]佛洛伊德認為一個夢永遠也解析不完，因為聯想之網連結得太緊密，所以不可能完全解開謎題。

對他來說，夢是最佳準繩，不過其揭發性思考就算在日常生活中的口誤與最簡單的笑話中，都能找到引導我們通往心靈深處的橋樑。舉凡我們寫錯一個熟悉的名字，忘記一首心愛的詩，莫名其妙把東西錯放至某處，甚至連錯過在老婆生日送上往年必有的鮮花，這都是他要破解的訊息，它們統統都是當事人無法自我承認的願望或恐懼的暗示。藉著對表面上無來由、不可言喻的事件進行科學性觀察，佛洛伊德證實了揭發性思考的另一項特徵，即每一個彷彿偶然的事件，都是通往潛伏人類心靈深處秩序的一扇大門。

一八九七年，當佛洛伊德去柏林進行拜訪，卻遍尋不著一個他所需要的地址，於是發展出對失誤理論重要性的興趣，他的分析發現了整個複雜的壓抑與聯想網路。在他校正《夢的解析》手稿期間曾致信友人，表示他雖盡了全力，手稿仍有「兩千四百六十七個錯誤」，這個數字，如他本人斷定，並非任意選擇，於是便對它著手進行分析。由此事例可再次清楚發現，每個思考的、語言的或行為的錯誤對佛洛伊德來說，都宛如跳進一個光滑的表面，經過這麼一跳，我們才能見識到潛意識的汪洋大海。

---

9 Gay 2004, P. 97.

我們非理性的理性

我們究竟認為自己有多理性？大家一定經常覺得自己是完全理性才會付諸行動。倘若老是懷疑自己的動機，很可能更茫然不知所措，最後導致裹足不前而拒絕行動。然而最新研究卻證明了一則壞消息，而且是佛洛伊德早在一百多年前就已經告訴我們：人是最不理性的動物。

心理學教授亞歷克斯．托多羅夫（Alex Todorov）在他的人格認知研究中指出，我們對他人的第一印象擁有驚人的模式。他向學生快速展示一些男性臉孔照片，請他們按照不同特質做出評價，其中也包括親切感及權威性。這些臉孔並非隨機選擇，全部都是政治候選人的肖像，他的學生當然對此政治選舉毫無知悉。托多羅夫將實際選舉結果與學生的權威性評價進行比較，得出驚人的結論，即大約有七〇％的競選贏家是那些在學生面孔權威性評價中得到高分者。也就是說，雖然選民認為對某候選人的觀感是經過深思熟慮的，但其決定往往終究還是回歸到非理性的評價基礎，因為這個評價會自動在心中迅速進行。

而學者丹尼爾．康納曼也說，一個人能樂觀地看待某特定計畫案，只因案子的主持人令他回憶起自己的妹妹；有時不喜歡一個人，是因為那人令他模糊地聯想到自己的牙醫。價值判斷常常經由先入為主的感覺，快速而無意識地決定。當別人要我們為自己的判斷做出解釋時，我們也一定能找到合理說法，接著連我們自己也會相信這個編出來的故事。

我們決定採用特定陳述或遵循某種方向的實際原因，往往和我們事後宣稱的原因毫無關聯。在我們遲緩的理智進入畫面前，已經發生過許多事了，例如一種深刻的情緒在我們心中甦醒，或一個已經十分遙遠，令我們幾乎無法想像它會是影響因子的不愉快回憶。兩者都給了我們一種某件事是「真的」或「對的」感覺，我們堅決以為是自己的「意見」與「信念」，但實際上可能只是無意識、不可控制的願望與恐懼造成的結果。理智上當然不喜歡承認深藏的感覺與情緒可能會主宰著它，寧願認為自己能不受非理性的感覺與情緒左右從而做出判斷。不過針對這個主題的研究愈多，就愈常得出一個結論：這些發現強烈懷疑我們在判斷與決定時的自我意識獨立形象。

甚至在我們閱讀這段文字並判斷其內容真實度時，快速的情緒性反應很可能已成為相關性判斷的基礎。康納曼指出，我們對事物的利益與風險評估，如受輻射的食物、紅肉、核能發電、刺青紋身或摩托車等，都是依據自身情緒觀點而做的。他認為，負責判斷的理智與其說是批判者，倒不如說是無意識情緒的捍衛者。當我們在尋找資訊與論據時，就已經不知不覺將資訊限定在能配合業已相信的事物範圍內。倘若我們對某事懷有情緒性的關係，就會先下結論，再期待論據出現。

佛洛伊德認為人與人之間的不和與爭論不存在理性或理智解釋。他也發現，對事物的不同觀點而導致友誼破碎，事實上「並非學術觀點差異有多麼重要，而是最平凡的另一種憎恨、嫉妒或報復心理造成化友為敵的衝動。學術觀點的差異後來才會出現。」[10]假如我們的思考十分表面，當然只會將表面遇到的事物視為真，對他人呈現給我們的陳述照單全收，不問動機。當某人說他基於某原因而憤怒，我們便接受這個說法；並期待對方也同樣接受我們提出的論點。因此即便是最理性的解釋，甚至明顯的證據也往往無法平息爭執，因為這份爭執並非出於理性；而一個受到完全不同動機與激情所驅使的非理性機制，是無法以理智讓人信服的。事實如此，倘若一個人的情緒愈激動，爭吵時就更容易夾帶無意識的動機。

我們真的極不願意承認，但我們真的比思想家更「情緒化」。對某事物一定會先產生特定感覺，然後才進行思考。不妨試想自己是由三層物質所組成，首先是由感覺與本能直覺而組成的最下層，也是最原始的一層；中間層由情緒組成，最上層才是思考層。您察覺任何事物時，都會完全按照以下順序產生反應：本能直覺、情緒、思想。最原始的感官知覺形式最先做出反應，卻經常夾帶理智思考的外衣，這使思考有時只能扮演替非理性感官知覺與情緒做辯護的小角色。當有人第一眼就令我們感到厭惡，而且很顯然不是因為此人做了什麼壞事，我們仍然會為這個反應尋找一個冠冕堂皇的理由，大多是找一些證據來證明我們的直覺判斷。因此要改變這種意見十分困難，畢竟我們就是不喜歡這個人。另一種類似情形，可以在一項對緩刑法官的研究中觀察到，當他們飢腸轆轆或甚感疲憊時，從輕發落的判決案例也相對較少；他們的感覺勝過理智的判斷力，不過您當然可以想得到，事後法官對每個判決原因的質詢，都能提出極為理性正當的說法。

藉著揭發性思考的幫助，可以比較容易注意到那些悄悄左右我們判斷力的非理性念頭。例如當我們想為自己的判斷尋找一個邏輯性辯護時，卻發現還有另一份潛藏的緊張是我們急欲掩蓋的。或者當我們試著在一場討論會中隱藏好比暴力衝動或情慾畫面，這類有如討厭蒼蠅般「粗野」的想法，抑或我們雖想極力擺脫，卻仍揮之不去的原始慾望，譬如以操縱式行為、強烈緊張形式或突如其來的非理性爆發行為。這將令我們十分難堪，彷彿理性思考與情緒性的反應同時在進行。而一旦情緒性反應產生效果，那麼理性思考將變得無助，只能壓抑。每個理智的人都知道他不應該生氣或嫉妒，可惜我們密集的情緒反應，不會特別將這項認知放在心上。

揭發性思考似乎是唯一能夠真正理解感覺與知覺語言的思考形式，有如一座介於理性與

---

10 Josef Wortis, Fragments of an Analysis with Freud, New York 1954, P. 163.

非理性語言之間的橋樑。它能穿透我們生命本質中無法理解的原始部分，去探究其中的「瘋狂邏輯」。不過前提是，我們不能再繼續否認自己的非理性，不能再頑固抓著理性的自我形象不放。這能為我們開啟通往新世界的大門，並探究直接反應。也許在某些情況下就會出現一個情緒性，而非理智的反應？也許在一個篤定的意見背後，譬如一項政治觀點或一篇影評，其實隱藏著自己童年時期的聯想？假如仔細觀察會激發出自我的深層事物，在面對另一個我們理性思考所編織出來的優雅故事時，便將擁有一個健康的懷疑態度。

精神勝過心理

縱使佛洛伊德畢生從未承認，但從他與友人多年的書信往來中可發現，他還知道另一個潛意識的存在，也就是正面的潛意識。這另一個潛意識顯然是他最重要的知識，與創意成就的來源。他曾在幾個機緣下解釋，這個潛意識「在最底下的樓層」[11]工作，或「在地底下有秩序地向前」[12]行進。如果他在準備一項寫作計畫，會先等待資料自動從他的無意識中出現，再體驗一種如陣痛般的過程。他在工作時，曾談到潛意識主要作為精神官能症的來源，顯示他本人還有更深層的體驗，彷彿佛洛伊德腦中介於意識與無意識之間的關係和大多數人都不相同。佛洛伊德認為，我們所知道的自我只是冰山一角，是原本的自我中最薄、也最表面的那一層，一個許多層面中百分比最微小的部分，而這些層面卻通常是我們察覺不到的。這好比消化的過程，吃下一顆蘋果，體內便發生一道漫長、複雜的消化過程，這是不受任何意識思考控制而自動發生的程序。因此可以說，佛洛伊德自我察覺較深，體驗到自我有如深不可測的海洋，其意識思考恍若海面上的波浪，巨大的無意識活動結果深藏其中。

現在您也許會想，佛洛伊德必定得出結論，也就是我們只能任憑未知自我的擺佈。然而結果卻相反，佛洛伊德十分確信，真正自我控制的鑰匙就在這裡。

在佛洛伊德所有發現認知背後都藏著一個信念，人類心理會遵從自身潛在的法則與規律。他首先嘗試清楚勾勒出人類潛意識的結構與動力，區分意識、前意識與潛意識三個層面，並描述介於性慾、自我（Ich）與超我（Über-Ich）之間永恆的衝突。儘管此種區分法也許有欠完善，不過他對「心靈生命的未知荒地」[13]這份描繪卻是勇敢的嘗試，將心理比喻成

---

11 Gay 2004, P. 164.

12 同上。

13 同上，P. 156. ——其他資料來源：Sigmund Freud, Studienausgabe, Frankfurt a. M. 1969 pp.; Louis Breger, Freud. Darkness in the Midst of Vision, New York 2000.

蠻荒的內在世界，就像恆星體系與生物體系，也同樣遵循一個可辨認的固定法則。

這又包含了一個能夠繼續廣為延伸的結論：倘若將心理視為科學能理解的體系來掌握，那我們亦能賦予它一個新的秩序。換言之，假如我們能了解自身混亂的心理，便能整個佔有、掌控它。佛洛伊德似乎認為這是可能的，倘若我們能將它看得夠清楚，倘若我們的「內在建築」同樣宛如有著客廳、儲藏間與地下室的「外在建築」般清晰可見，勢必也能將它整理得井井有條。這樣的內在秩序便不是壓抑的結果，將是一個穿透性自我理解的自然結果。我們只是壓抑了自己害怕的事物，只不過是害怕自己無法應付的事物；一旦能了解它，便不需要再害怕內在的混亂。正如佛洛伊德在幾個成功案例中所呈現的，有時甚至只需要承認自己的感覺，他們就會痊癒。

佛洛伊德的私生活一再告訴我們，如何透過不斷的自我分析使他能征服自己的心理。例如迦太基元帥漢尼拔雖是他心目中的英雄之一，不過佛洛伊德卻希望得到另一種勝利凱旋：想要征服自我，想要利用他的性慾，即狂熱情緒與不停歇的能量，來追隨他的人生任務，達到自我控制。他將此稱之為「昇華（Sublimierung）而克服」，亦即將自我的本能直覺細緻化，把性慾轉化成創造力、求知慾與人類大愛。這就是深深進入到他心理最黑暗區域的揭發性思考，最後得到的結果，藉由延伸到深處的秩序來控制心靈。也許就是由於這個內在強度，致使他最後也以一種高貴的方式離開世界，他因為罹患癌症而在臨終前請求舒爾醫生（Dr. Schur）助他安樂死，當舒爾見到佛洛伊德充滿尊嚴、毫不自艾自憐地面對死亡時，眼淚幾乎奪眶而出。他後來表示，從未見過有人以這種方式離開人世。

絕大多數人都知道要維持家裡和房子的整潔與秩序，我們會自然而然的這樣去做。可是，我們的內心生活看來如何？是否也能做到和維持家中秩序一樣好？大多數人會定期清理家中產生的垃圾，卻不會整理腦中閃過的千思萬緒。即使不必要或無意義的意念，也會消耗我們的精神能量。您不妨試著觀察日常生活中有多少思緒其實毫無建設性；想像假如自己的理智不受這些無意義活動所束縛，它將如何運作。很顯然，倘若腦中有更多的秩序，您就可以更清楚明確地思考與決定。為了達成這個目標，不妨開始為此發展出一個意識，想想哪些念頭是不必要的負擔，這項觀察既不需要心理學研究，也不需要佛洛伊德式的自我分析。細心觀察是值得的，因為內在的過動必有其原因，即我們對自己的認識遠少於自己認為的。

第五章　達文西

從每個角度思考，或生命是未完成的藝術品

講到達文西（Leonardo da Vinci），似乎總要以他最知名的作品《蒙娜麗莎》作為開場白，這幅作品是他留給世人的一個謎。美國藝術家安迪．沃荷（Andy Warhol）對這幅畫作的解釋是：一位看似無害且無眉毛的女性肖像，也曾被美國前總統約翰．甘迺迪（John F. Kennedy）奉為國賓般的珍寶。如果你親自到法國巴黎參觀羅浮宮（Louvre），和其他五十位訪客一起站在掛在牆壁上的這幅畫作前，會很訝異這幅強力遊客吸力機竟然這麼小，而且擺放在毫不不起眼的角落。你心裡可能會納悶，這到底是怎麼一回事？但如果運氣好，或許能和這幅畫作獨處一小段時間，如果再多花點時間觀察它，畫中女人穿著一身黑，確實身份不詳，或許就能發現，它逐漸匯聚出一股獨特的吸引力。不是有人說，它之所以這麼有名，一定是可以在畫上看到什麼吧？或是她的眼神和謎一般的微笑正在對訪客提出無法回答的問題？或許這就是這幅畫如此有名，以及大家從這抹微笑中分析出數百種版本的原因吧！多年來，人們試圖想要解開這位義大利文藝復興時期藝術家在五百多年前於這幅畫裡隱藏的密碼，但至今尚無人成功。

美國外科醫生，同時也是暢銷書作家的倫納德．史萊因（Leonard Shlain）在其著作《達文西的大腦》（*Leonardo's Brain*）中提供了一個小小提示，但參考價值很高。史萊因提到有人為達文西進行了一種類似死後大腦掃描的技術，他從掃描結果得知，達文西對於人類細微的臉部表情具有特殊理解能力。史萊因認為，達文西知道人臉是由看似對稱的兩個半部組成，分別由相反側的大腦半部所控制。大多數人的右臉是由掌管理性的左腦控制，因此能更有意識地控制其右臉。但較難控制的左臉容易洩漏人內在的情緒狀態，但它們都是極其細微的表徵，一般對話時難以察覺。史萊因認為，達文西天生具有了解這些細微徵像的直覺。因此史萊因表示，蒙娜麗莎的微笑具有雙重意義，因為畫家凸顯了她的右臉，左臉則在陰影下，其他研究專家則表示，蒙娜麗莎眼睛部位和嘴巴不協調。達文西採用了一種特殊的繪畫技巧，只有在觀察者看到全圖時，才會看到蒙娜麗莎的笑容。但這一看，又更令人困惑了，當觀察者仔細地觀察蒙娜麗莎的嘴巴，想要確認她是否真的在微笑時，那笑容似乎又消失了。達文西在這幅畫上賦予了令人困惑的層次，超越了單純的肖像畫。我們彷彿在蒙娜麗莎的臉上看到了什麼，卻又說不上來那究竟為何。左臉在陰影下，右臉在亮處，組成了一個獨特的臉部表情，這只是達文西生涯代表作中的小細節，但也同時說明了他看待事物、人和世界的見解有多麼與眾不同。首先他是個非常優秀的觀察者，這點大家都認同。類似他將蒙娜麗莎的左臉擺在暗處的細微感受，還不僅於此，全記載在他遺留下來的大量筆記資料裡。例如達文西記錄了水平面下的水在流動，蜻蜓翅膀鼓振的變化，即「蜻蜓有四個翅膀，當前方兩個翅膀升起時，後方兩個翅膀便會降下。每對翅膀各自都能承擔蜻蜓本身的重量。」[1]英國藝術史學家肯尼斯．克拉克（Kenneth Clark）認為，他那「異常靈敏的眼神」能看見大多數人在放大鏡發明以後才看得見的細節。[2]一般人只能看見顫動的動作，但達文西能分辨不同動作之間的差異。

也就是說，他比其他人看到更多。但光這一點不足以解釋達文西這不算長的一生（他在六十七歲時去世）所完成的創作。他的許多作品已遺失，不少作品則尚未完成（讓人訝異的是，他並不在意作品是否完成）。但他遺留給我們約十五幅畫作和包含數千張手稿，以及他工整但使用特殊反寫字的巨量筆記本便足以令後人驚艷不已。我們只是無法相信，一個人竟然能有如此廣泛的天分。因為達文西不僅是個天才畫家和雕刻家，擁有數幅聞名世界的知名畫作，同時也是位多才多藝、好奇心十足的天才科學家。他對科學的天分不僅在於深度，也在於廣度。他是數學家、地理學家、製圖師、植物學家、音樂家、建築師、解剖學家、機械師、工程師以及自然哲學家。他設計汽車、降落傘、潛水艇，並以他對蜻蜓飛行的觀察為基礎，設計了現代直昇機的前身。因此，他在人類歷史上佔有一個無人能與之相提並論的特殊地位。

我們其實不想步上在達文西作品上大做文章的陰謀理論家後塵，但必須老實說，當你仔細研究達文西的作品時，會無可避免地逐漸走入神祕的領域，因為他製造了一些不可思議的構圖和畫面，讓人無法理解他是怎麼辦到的。以他所繪製的地圖為例，他在受僱於切薩雷・波吉亞（Cesare Borgia）瓦倫提諾公爵時期，繪製了一份義大利伊莫拉（Imola）城的地圖。這份地圖本身就是一個藝術品，至今市面上仍可買到該地圖製成的海報和明信片，因為該圖繪製地非常詳細和準確，伊莫拉城裡的每棟房子和街道皆鉅細靡遺地在地圖上呈現，更甚者，該地圖是以約莫一千公尺以上的高度，從上而下的鳥瞰視角繪製而成，達文西後期繪製的地圖則採用更高視角繪製，但他是怎麼辦到的呢？他應該是史上第一位以和現今相同之鳥瞰角度，但未使用相關數據和測量設備繪製地圖的製圖師。達文西的時代，人們測量距離還是採用最簡單的步行測量法，地圖上通常會以龍和城堡裝飾。達文西寫實的鳥瞰地圖在當時似乎有些格格不入，就如同中古世紀時代的廚房裡出現義式濃縮咖啡機一般。

像我們這樣的平庸之輩，站在這種萬能天才面前，應該會比在「一般」天才前更顯渺小，或許這就是為何人們對他的作品反應特別激烈之故。達文西的作品有很多傳聞，人們爭

1 Leonard Shlain, Leonardo's Brain. Understanding Leonardo's Creative Genius, Lanham 2014, S. 43.

2 Kenneth Clark/ Martin Kemp, Leonardo da Vinci, London 1989, S. 191.

相在他的畫作中尋找隱藏的符號和訊息，甚至還有人謠傳達文西是外星人。但即便沒有這些神祕傳言，我們也很清楚，達文西大腦的作業模式是我們一般人無法比擬的，但真是如此嗎？要完成像《蒙娜麗莎》這樣的作品，確實需要達文西這樣的天才，但如果撇開作品不談，我們應該看得出來達文西思考模式的特別之處。達文西自稱從未受過教育，而這位從未受過教育的人，最特別之處就在於他獨具靈活的眼力。

無縫接續

許多人很聰明，又有天分，但他們大多朝著明確方向發展潛能，平庸之人如此，一般的天才也是如此。雖然人類歷史上不乏出類拔萃的藝術家和科學家，但卻沒有人能在藝術和科學這兩個領域中具有相同的優異天分，這也就是歌德的《浮士德》比他的《顏色學》更有名氣，以及愛因斯坦並非以小提琴家名留歷史的原因之一。人的天分一般會偏重其中一種領域，不是藝術就是科學，鮮少有人可以像達文西這樣兩種兼得。「我們所知的人類歷史中，沒有人能像好奇心十足、又未受過教育的私生子達文西一樣，在藝術和科學兩個領域都能展現相同天分。」倫納德．史萊因這麼寫道。

達文西因為私生子的身分，未能接受正規學校教育，也無法上大學。然而，這個以現今角度來看極其不公平的待遇，為他帶來的不全然是缺點，或許正因為如此，反而為他帶來最為關鍵的優點。因為學校教育常會造成孩子傾向於接受某些特定看法，造成視野的窄化。相較之下，達文西的眼光遼闊，反而是因為貧瘠的學校教育使然，他的好奇心毫無罣礙地擴張到全世界，眼裡無所謂「重要」和「不重要」的區別，因此也不會預設優先順序。他腦子不斷地思索與接受世界的各種樣貌，像個在路邊撿拾奇形異狀石頭的孩子。而這正是他思考模式的關鍵，他不僅聰明，還將聰明才智運用在遇見的所有事物上，並樂此不疲。有人這樣說他，這也不無道理：「藝術永遠不會結束，只會留下。」我們就拿達文西作品中較不具知名度的作品《解剖手稿圖》來仔細研究一下。

一四八九年，三十六歲的達文西取得了一些人頭骨，他非常高興，因為他一直很想研究解剖學，並將解剖細節記錄下來。小時候，他就常把死掉的蜥蜴和野生動物拿到房間裡分解，長大以後就解剖大一點的動物，但要取得人類的屍體可就難了，當時只有醫生才能解剖人體。達文西想要親自解剖人體的期望，最早源自於藝術創作的動機，因為他想寫一本書，內容涵蓋畫家必須了解的所有事物。根據他的邏輯來看，畫家如果不了解人體運作，就無法畫好人體，因為他知道，人體內部結構決定其外在形狀。所以他認為，畫家必須了解人體解剖學。[3]

可想而知，當時人類對解剖學幾乎一無所知，以今日的認知來看，文藝復興時代對人體功能的看法還停留在懵懂階段。由於缺乏相關知識，達文西決定必須親眼瞧瞧，為了一窺人體奧祕，他甚至以身試法，據說他甚至花錢請盜墓人搜羅屍體。

達文西的解剖研究延續了好幾十年，並發展出自己的一套理論。他總共解剖了超過三十具屍體、剝下屍體的皮膚、鋸開骨頭，並打開頭蓋骨。他體內的工程師因子開始將人體當成精密「機器」進行研究。他在筆記中記下：「如果人的心靈也能藉由各種儀器與發明達到相同目的，那它的發明絕不會比大自然更美、更輕、更短」。達文西像個從鄉下來的孩子一樣，對大自然驚嘆不已，喜歡直接觀察勝於一切，認為「知識是經驗的孩子」。

在那個還無法冷藏屍體的時代，解剖必須在晚上進行，在微弱的燭光，沒有冷藏系統的條件下，屍體的惡臭自然不在話下。在達文西客觀地記錄下，屍體很快就會腐壞，無法廣泛地進行研究。他解剖工作台上的恐怖景象當然不會呈現在其畫作上，因為他作品上呈現的，是追求和諧之人最終找到和諧時的眼神。他用柔和的線條呈現解剖研究，並在手稿上打上陰影，在紙張上製造立體效果。所以這些解剖手稿圖一方面具備解剖的精度，同時也是畫風極其考究的偉大畫作。這些兼具科學和藝術的大師傑作，經過數個世紀流傳至今，仍是精準度最高的解剖圖。

多角度思考

為了繪製這些解剖圖，達文西發明了一種特殊的繪製技術，透過這項技術，使我們窺見他思考的核心原則。達文西在觀察世界時，似乎具有一種異於常人的天賦異稟，他沒有固定的思考角度，且善於多角度思考。文藝復興時代的藝術家擅長使用透視法，但沒人能像達文西一樣，願意花那麼多時間研究此技法。他在筆記本上詳細地描寫，畫家該如何讓畫作上個別元素彼此達到平衡，以及如何利用陰影依循透視法的原則。一方面是因為他本身是完美主義者，另一方面是透視法對他有更深層的意義。他藉由研究各種透視法，從而表現出物件的各種角度。就像繪製《蒙娜麗莎》時，他不僅想要表現外在形式，還要透過她臉部表情的細微差異表現層次，如果僅透過單一角度繪畫肌肉線條、骨骼或器官，無法表現他所想要的層次感。他非常清楚，如果他只從某一特定角度觀察物件，無法捕捉到該事物的本質，必須同

[3] Carlo Predretti, Leonardo Da Vinci on Painting. A Lost Book (Libro A), Berkeley u. a. 1964, S. 134.

時加入和呈現其他可能的角度。唯有如此，觀察者才能更貼近事物的真相。達文西利用精化分解圖，亦即多角度分解圖的方式解決了這個問題。例如，他會在同一張紙上多次畫出身體某一部分，但每一次都是不同角度，像是頭骨外型輪廓、斷面解剖圖以及上方斜視圖。如此一來，觀察者便可同時看見該物件各種角度的圖。就像影片比照片能更精準地呈現這個人的樣貌一般，達文西的多角度視圖比單一視圖更貼近真實的事物。

多角度思維並不是一般人日常思維方式，包括優秀的思想家在內，大多數人都習慣單面向思考。因為人類通常會無意識地自動將個人看法簡化為某一特定角度。這麼做較簡單，同時似乎也很有效率，畢竟誰有那麼多的精力，同時採用不同角度來看待某一事物呢？單面向思考符合當下這個效率導向的時代精神，或許也最符合人類的天性。如果我們在路上隨便遇到某個人，或許就能馬上說出遇到的人是偏理性、精明或者比較有同理心、感性的人，亦即「藝術家」或「科學家」。但反之，達文西似乎不會被侷限在這種思考模式上，因此，當他以精準的解剖技術繪製某人的肌肉和肌腱時，他的實驗和觀察（現今稱之為自然科學）能夠天衣無縫地融入他的藝術之中。他看待藝術就如同科學，這點可從他關於繪畫的文章中窺知一二。「達文西將科學和藝術結合在工作模式中的方法，呈現出一種全新的意識形式。」[4] 藝術史學家麥可・拉德偉恩（Michael Ladwein）寫道。以下這番話或許可以解釋，達文西為什麼會對知識有源源不絕的渴求，即理解永遠不會結束，永遠還有更多層面和看法要去探索。藝術和科學並非對立，而是以不同方式描述同一個現實。

令人困惑的複雜性

達文西多角度思考模式的另一例仍與解剖研究有關，即《維特魯威人》。這是一幅世界聞名的素描作品，全世界有上百萬人都擁有這件作品的複製品。《維特魯威人》是達文西手繪一個裸男在同一位置上呈現十字形和火字形的姿態，這同時也是義大利一歐元硬幣背面的圖案。這是達文西開始研究頭蓋骨不同視圖約一年以後完成的作品。這幅由鋼筆和墨水繪製的比例研究圖，呈現人類身體部位之間最佳的數學黃金比例。雖然《維特魯威人》已儼然成為達文西的代表作，但它卻不是達文西的原始創作。其原始構思來自於羅馬建築師暨工程師馬爾庫斯．維特魯威．波利奧（Marcus Vitruvius Pollio）於西元前一世紀，在建城和材料學之外對「最美的比例，人體比例」所做的說明。其想法是，成人身體伸展四肢後，可放入一

[4] Michael Ladwein, Leonardo Da Vinci. The Last Supper: A Cosmic Drama and an Act of Redemption, Forest Row 2006, S. 31.

個矩形或圓形中，而人體的中心點就是肚臍。如果將一個站立的人，以其肚臍為中心點，沿其周圍畫一個圓，那麼該圓周會剛好碰觸到此人的手指尖和腳指尖。腳底至頭頂長度等於兩手延伸的長度，這兩個長度便構成矩形的兩個邊。馬爾庫斯並未將其理論繪製成圖，是由後來的畫匠將其理論繪製成圖。相較之下，達文西的《維特魯威人》版本畫風細緻精確，讓其他人的版本全都黯然失色。只有達文西能以同一份手稿繪製同時置入矩形和圓形內的黃金比例人體圖。他的作法是讓矩形的人體中心點有別於圓形的人體中心點，矩形的中心點在兩腿中間。結果呈現出一個完美比例的幾何圖形，而人體完美無縫地融入該圖，就像抽象圖般。達文西將矩形和圓形視圖透過重疊的方式整合在同一張圖上，取代兩張圖，更強化了這張圖的效果。他同時也利用這樣的方式在該圖上增加了「時間」象限。《維特魯威人》呈現兩種不同的時間象限，所以看起來好似此人來回變化兩種身體姿勢一樣。只有習慣同時以不同角度看事情的人，才會想到利用這種方式來呈現。

達文西廣為人知的作品之一《最後的晚餐》在甫完成之際，就開始出現剝落的現象。這幅作品是達文西花費了超過三年時間，於米蘭天主教恩寵聖母（Santa Maria delle Grazie）的道明會院食堂牆壁上，繪製而成的四十平方米大型溼壁畫。繪製這幅壁畫時，他不採用當時傳統的溼壁畫技術，因為傳統方式是將顏料塗抹在濕泥漿上，因此畫家必須在很短的時間內完成作品。在繪製《最後的晚餐》時，因為達文西喜歡慢工出細活，便採取比較適合他工作模式的新方法。他直接在乾燥的牆壁上作畫，並使用自己發明的一種油彩和蛋黃混合顏料。如此一來，他就可以反覆思考或修正。這幅壁畫於一四九八年完成，它應該是達文西作品中，名氣僅次於《蒙娜麗莎》的作品，但這幅壁畫在達文西還在世時，就為他帶來響亮的聲望，大批藝術愛好者和好奇者千里跋涉，就為了一睹這幅壁畫的風采，法國皇帝法蘭西斯一世甚至想拆下整座牆帶回法國收藏。但很快地，達文西新穎的繪畫技法出現了毀滅性錯誤，濕牆吸收了顏料的水分，導致顏料褪色、龜裂，甚至剝落。一五五〇年，達文西最早期的傳記作者瓦薩里（Giorgio Vasari）就曾說，只見食堂牆壁上「斑痕累累」[5]。數世紀以來，這幅壁畫經過多次修補，明顯可看見部分修補痕跡，所幸此畫有許多畫迷翻畫了許多複製品，因此後人至今有幸仍能看見該畫的原始樣貌。

《最後的晚餐》之所以令後人讚賞，有許多原因，其一還是因為達文西擅長的透視法，在此作品中，達文西讓人見識到，他不僅對透視法瞭若指掌，運用上更是游刃有餘。他利用透視法對藝術的貢獻，堪稱是歷史上的創舉。《最後的晚餐》蘊藏了許多精心安排的透

[5] Peter D'Epiro/ Mary Desmond Pinkowish, Sprezzatura, 50 Ways Italian Genius Shaped the World, New York 2001, S. 170.

視「錯誤」。達文西知道，走進該會院食堂的人一定會從下而上觀察這幅壁畫。但達文西希望，該畫呈現的效果會如同觀察者以眼睛平視高度觀看此畫，因此繪畫時，他故意使透視的角度失真，讓耶穌的身形明顯比餐桌上其他人增加了二分之一，並且刻意縮短餐桌的長度，讓共計十三人全擠在原本只有十一個座位的餐桌上。就連壁畫的後側也蘊藏著透視技法，這個餐廳乍看之下像個矩形空間，但事實上空間是逐漸向後縮的。因此畫作上呈現的空間看起來比一般空間還長。

但《最後的晚餐》最出色之處並不僅止於幾何透視法的運用，而是在於其複雜性之高，除了擁有無限的看法和詮釋，甚至還有陰謀論之說。其中最有名的當屬美國作家丹・布朗（Dan Brown）那本聞名世界的暢銷書《達文西密碼》。再仔細端詳《最後的晚餐》，你會發現畫作上雖有看似非常明確的場景，卻又說不上來確實發生了什麼事。是耶穌正在向其門徒預言「你們其中一人將出賣我」的時候嗎？還是正要進行奉獻？從畫作的構圖來看，兩者都有可能，也就是說「過去和未來」的兩種時間層次同時進行。有些詮釋者甚至還在這幅畫上看見了未來的元素，像是耶穌雙腿在桌子底下以不自然的方式交疊，正好是他後來被釘在十字架上的雙腿姿勢。藝術史學家李歐・斯坦伯格（Leo Steinberg）稱此畫為「濃縮含意的奇蹟」，他在《最後的晚餐》中看見達文西展現出「一種結合不協調元素、瞬間可視化時間間隔，以及讓對立達到完美融合的智慧風格」。斯坦伯格明白，達文西是故意為之，因為他不想讓畫作出現明確的含意，亦即單面向含意。

欣賞《最後的晚餐》往往會耗費許多時間，乍看之下它呈現出聖經上的著名場景，但越是仔細看，就會像觀看《蒙娜麗莎》一樣，逐漸變成了一個無法解答的謎團。

滿意新的眼鏡嗎？

保加利亞籍記者瑪麗亞・波波娃（Maria Popova）認為，「達文西非凡的創意源自於他具備能同時駕馭不同思維模式的能力」。我們該如何從中獲取對我們的思考模式有利的認知呢？為了找到答案，我們應該打開達文西的腦部，一窺究竟。

我們是以理性／線性或感性觀察世界？該念生物學還是表現藝術？完全取決於我們大腦的結構，以及大腦看待世界的方式。以科普的角度來看，人們習慣將大腦的傾向分為右腦思考型或左腦思考型。這種左右腦模式能夠簡單了解大腦功能模式，根據該模式的區分，大腦兩個半部有明確區分的不同任務區塊，左腦擅長理性、分析和語言程序，右腦則掌管創意和情緒。但這種左右腦模式已經過時了，該模式無法解釋所有實際情況，因為在理智、情緒和語言方面，左右腦各有參與，也就是說，大腦並沒有壁壘分明的區分。但該模式所言正確的是，人腦有所謂的偏好傾向，大腦各區域都有較為擅長的作業領域，因此左右腦模式的分法仍有其用處，因為它清楚說明了一個人與生俱來既有存在傾向，以及個性上的特定態度。在德國波鴻（Bochum）大學研究大腦運作的歐努爾·君圖爾群（Onur Güntürkün）教授認為，「由於左右腦具備不同組成元件和能力，因此也會表現出不同的個性傾向」。[6]人們透過這些個性傾向形成自我認知的形象，並由該形象決定看待生活上所有事物的方式，就像一副固定在頭上的眼鏡般。一般人很少有能力自行更換這副已經固定在頭上的眼鏡，但達文西卻擁有這罕見的能力，好似他能夠隨時任意地更換不同顏色的眼鏡。

藝術史學家倫納德·史萊因提及了一些他在達文西的筆記、作品和有關他個性方面之描述文章中發現的趣事。各種神經科學的研究結果顯示，大腦的結構以及大腦兩個半部在功能上各職所司的程度，取決於性別、慣用手以及性偏好等因素。最具專業傾向的是男性、異性戀右撇子，大多數擁有這些特徵的人，是左腦思想型。有趣的是，左撇子的大腦並非右撇子大腦的鏡像，而是一般性的對稱，女性同性戀者也是如此。此外，根據神經科學家桑德拉·威爾遜（Sandra F. Witelson）的研究結果，連結大腦左、右半部的主要組織，除了負責左、右半部的訊息相互傳遞、也掌控抑制某半部之能力的胼胝體（Corpus Callosum），使其在左撇子以及同性戀男性的大腦中，功能強過右撇子男性。當然這些發現並非在每個人身上都能得到百分之百的應證，只是概括而論。根據研究結果的鐘形分配統計數值觀察，大多數人確實如此，但並非每個人都這樣。但即便如此，這些數值卻非常符合達文西的情況，他是左撇子（但左右手皆能運用自如），習慣在筆記本上由右而左書寫特殊反寫字。此外，也有謠傳說他可能是同性戀者，因為有一些強而有力的證據，像是他未婚，沒有小孩，很少在筆記中提及女性，女人似乎只是他作品中視覺上有趣的題材可作為證明，他年輕時還曾因被指控有同性戀行為而遭控入獄，當時同性戀是不合法的行為。他疑似同性戀的傾向、左撇子和反寫字等因素加總起來，足以證明達文西大腦左右半部是相對稱的，左右腦彼此連結的程度較一般人緊密。倫納德·史萊因的另一項證據是，達文西喜歡隱喻和設下密碼，「這種人的左右腦必須要在胼胝體強力連結下，才能具備這種能力。」右腦善於理解譬喻、身體語言、幽默、語調等，但如果要將這些特質以文字來掌握，就必須仰賴左右腦的合作，達文西能靈活且無礙地以譬喻和圖形進行溝通。

---

6 Tobias Hürter, Ich bin zwei, http://www.zeit.de/2013/25/gehirn-haelften-doppelnatur (letzter Zugriff 25. 6. 2015).

這種大腦可稱之對稱或平衡，亦可稱之雌雄同體。因為一般而言，左腦負責的理性、分析、計算，傳統上與男性有關；而右腦掌管的創意、情緒則與女性相關。因此，這正是多角度思維模式的關鍵：「在所有的文化中，男性被教育成要具備『陽剛』特性，而其特性中在文化上被視為『女性』陰柔的部分則遭到貶低，甚至壓抑，而女性的教育方式則正好相反。相當程度上，只有具有創意的人才能擺脫這種強烈性別刻板印象。」心理學家米哈里・奇克森特米海伊（Mihály Csíkszentmihályi）在其著作《創造力》（*Creativity: Flow and the Psychology of Discovery and Invention*）中寫道。這本著作是他和其團隊訪問了九十一位創意者集結而成。米海伊解釋說，在進行測試時，他們不時發現，和其他同儕相較之下，有創意的女孩比較具有主導性，行為也比較豪氣；而有創意的男孩則較其他男孩更感性，攻擊性較低。「在心理層面上，雌雄同體的人原則上集結了兩種反應方式，他們能使用更豐富和更繽紛的方式與世界連結。因此，如果說具創意的人不僅具備自身性別的強項，同時也兼具另一性別的優勢，一點也不為過。」

有趣的是，雌雄同體這個特性不時出現在達文西的作品和手稿上，蒙娜麗莎的臉、施洗者約翰的肖像、最後晚餐中的年輕使徒約翰，這些人物都很難只歸類成一種性別。但如果將達文西的思考方式，完全歸因於其心理層面上的雌雄同體，那也未免太小看了達文西。

有些專家認為，左右腦不僅具備各自的能力，也各有其意識。抱持該理論的專家包括英國精神病學家伊恩．麥基爾克里斯特（Iain McGilchrist），他在其著作《主人與使者》（*The Master and his Emissary*）中表示，或許胼胝體最重要的功能，並不在於大腦左、右半部的訊息相互傳遞，而是在於抑制另一半腦的能力。這個理論十分重要，因為左右腦的意識或說見解是彼此互補，但也是互相矛盾的。麥基爾克里斯特的理論是，我們生活在一個由左大腦意識主導的時代，以抽象、理性、概括性的思維模式觀察這個世界，而右腦創造的世界觀裡，事物不斷地在變化，不到最後關頭絕不會有定性。達文西的多才多藝或許是左右腦意識和能力完美融合的結果，他是個設計作戰機器的和平主義者，是個有同理心的素食者，會在市場上購買禽鳥放生，但也是熱衷於分解動物的解剖愛好者。你可以說那是隨性，但也可以將之視為此人具備採取不同看法和驗證的能力。達文西知道，單一看法不可能是一體通用，更多證據顯示，這正是他創意源源不絕的主要原因。

左撇子或右撇子、同性戀或異性戀、男體或女體，這些是我們幾乎無法改變，也大多不願改變的事實。但如麥基爾克里斯特所言，我們可以打破左腦的主導性，讓我們的思維和看法更對稱一些嗎？我們還沒找到這個問題的答案，但已經有多種跡象顯示，這是有可能的。因為我們現在已經明白，人類成年以後大腦並不會因此僵化，終其一生都在改變。無論是我們體驗到或學習到的，無論是研究物理或學習肚皮舞、繪畫油畫或閱讀書籍，都會對我們的大腦結構產生影響。而且光是意識到，大腦有可能產生對世界和生命兩種截然不同的看法、兩種各自成立但又互相矛盾的思維模式，即一個人擁有兩種獨立的意識元素，便能改變我們的看法。我們對於感受會更有意識，這常是被我們忽略或不重視的部分。感性的人如果能增加一些理性思維模式，也是好事一樁，同理，邏輯導向的人如果能增加一些感性和同理心，對自己也是一項利多。或許一開始會感覺有些不自然甚至出現不適，這也無可厚非，因為我們畢竟是在質疑自身一直以來的自我形象，但經過這個過程後，最終我們將會形成更具彈性、更有創意的思維模式。我們的目的不在於不要有看法，而是要更善用我們的感受能力。一成不變的思考模式會讓我們的創意越來越貧乏。

界線模糊者——達文西

藝術史學家肯尼斯·克拉克稱達文西為「歷史上所有好學者之中最有毅力之人」[7]。如果說達文西是多角度思考者，就不難明白，他為什麼從不放棄追尋新知。只要還有其他可能性，他就永遠不會自我滿足，因為學無止盡。

除了這種思維方式以外，達文西似乎還擁有一種過人的統一意識，亦即能夠確實從知識和情感的角度，感受事物之間的緊密連結。他曾在筆記本上為「發展完美靈性原則」[8]寫下以下說明：

1. 研究藝術科學。
2. 研究科學藝術。
3. 發揮感官知覺，學習用心去看。
4. 去認知萬物是彼此緊密連結的道理。

這四點說明了支撐達文西多角度思考的重要精神態度，對他而言，藝術和科學彼此緊密

---

7 Shlain 2014, S. 25.

8 H. Anna Suh (Hrsg.), Leonardo's Notebooks, New York 2005. – Weitere Literatur: Michael J. Geln, How to think like Leonardo da Vinci. Seven Steps to Genius Every Day, London 2009; Charles Nicholl, Leonardo da Vinci. Die Biographie, Frankfurt a. M. 2009; Ian McGilchrist, The Master and his Emissary. The Divided Brain and the Making of the Western World, New Haven 2012.

結合，就像金幣的兩面，因此他的作品中完美地融合兩者。他在經常出現的平行、連結和模式中看見事物之間的連結和關係。他形容，水表面上的運動就和人類頭髮髮浪、捲曲、結構一樣。他也發現，當我們將一塊石頭丟入水中，激起的漣漪，就如同聲波運作的原理。所謂多角度思考意指，不斷地以不同的角度看到某個現實，但卻不明確地區分不同看法之間的界線。這或許也是達文西從不將筆記分門別類的原因。他會在某筆記本上記下某個資訊，幾年後又在同一頁上隨筆記下其他重點。這讓後來許多研究者覺得不可思議，但以他的思維方式來看，這很正常，他沒有類別之分，因為對他而言，他寫下的所有想法和觀察，都和他記下的其他想法息息相關，這種模糊界線的視覺表現，就是他著名的「暈塗工法」（這是他在透視法中呈現的另一種創意藝術貢獻）。在他之前的藝術家會以黑色勾勒出畫作人物輪廓，然後再完成細部。達文西認為，人物身體界限不屬於該身體的一部份，也不是人物周圍空間的一部份，因此在繪畫時，他習慣將人物和環境之間的界線模糊化。

如果讀者想嘗試多角度思考模式，或許可先試試摒棄身為「女性」或「男性」的身份和角度。這在現今的社會或許根本不足為奇，因為相較於過去，性別的界線已經模糊許多（達文西應該會很喜歡），然而病學家可以為他證明，實際的性別認同是我們認為堅不可摧的。您親自試試看如何？試著有意識地體驗戴上「女性」或「男性」的眼鏡時，觀察世界的感受，然後再試著戴上另一副眼鏡觀察。您的感受有何變化？能看到更多？還是體驗到不同的現實層面？

您可以利用任何想得到的看法進行上述試驗，例如，假使您是不折不扣的葷食主義者，那麼可嘗試素食者的角度，或對您來說完全陌生的政治取向，您甚至還可以身體力行，不只是在想法上以不同角度思考。我們一般只會接受自己喜歡的信念，但現在您大可暫時拋開所有束縛，葷食者暫時變成素食者（或反之），從這個角度去思考和感受。您不一定要去餐廳點餐，也可以坐在家裡的沙發上練習，我們的頭腦相當程度上和身體沒有兩樣，當它很少變化或只重複相同動作時，就會變得僵硬、失去彈性。如果能學習採用陌生和不常用的看法，這就像是讓大腦做體操一般，我們的思考就會變得更有彈性、更有創意。

第六章

蘇格拉底

哲學愛好者，或無所懼

在希臘哲學家蘇格拉底去世近兩千五百年後的今天，也和古希臘時期一樣，總是令人對他的想法讚嘆不已，但同時也感到困惑和生氣。古希臘時期，雅典人與活生生的蘇格拉底辯論，人們不是怨恨就是崇拜他，但現今的研究者則是在一個根本的問題上出現歧見：歷史上的蘇格拉底究竟是何人？他的理論為何？因為這位傑出的哲學家，讓所有在他之前的哲學家甘於被稱「蘇格拉底前的思想家」，但卻未留下隻字片語，令後人為之扼腕。留下作品不是他的作風，因為蘇格拉底認為文字是有生命的，必須不時對它提出質疑，再賦予意義。蘇格拉底在《費特羅斯》（*Phaidros*）對話錄中說道，文字就像畫作一樣：「因為它們就像作品一樣，看似栩栩如生，但當你詢問它們問題時，它們只會優雅地沈默著。」[1]文字一旦寫下來，就失去了力量，僵化在紙張上動彈不得。這個想法已然透露了蘇格拉底的思考模式。

但在我們探究蘇格拉底的思考模式之前，必須先研究「蘇格拉底的問題」，即蘇格拉底的思想，和其最知名學生柏拉圖思想之間的界線，蘇格拉底的理論皆由學生柏拉圖著手記錄。雖然當時還有古希臘喜劇作家阿里斯托芬（Aristophanes）和雅典軍事家暨文史學家色諾芬（Xenophon）對蘇格拉底多有研究，著有許多關於蘇格拉底的著作，但他們的產量遠不及柏拉圖。此外，柏拉圖記錄下來的蘇格拉底對話和演講內容，在哲學方面比阿里斯托芬和色諾芬的著作更為豐富。這些文字記錄中蘊藏了許多蘇格拉底的智慧遺產和卓越思想。問題在於，柏拉圖真的只記錄了老師的想法？抑或他也利用了蘇格拉底的形象，來傳播自己的想法呢？顯然有許多學者認為，柏拉圖利用這樣的方式霸佔了老師，因為這不僅能解釋蘇格拉底理論之間的矛盾，也能說明柏拉圖筆下，蘇格拉底思想內容之間的不一致。之所以在本章節提及此點，是因為我們想要探究蘇格拉底的思考模式，而不是如蘇格拉底傳記作者，英國作家保羅．約翰遜（Paul Johnson）以輕蔑的口吻所述：「我將柏拉圖——蘇格拉底的混合稱之混合型」[2]的思維方式。

雖然數百年來各方學者不斷探討這個議題，但最終仍未達成共識，因此，這個問題只能留待自己找出答案。但可以確定的是，蘇格拉底早期與柏拉圖的對話確實是蘇格拉底「真正的」想法。約翰遜寫道，一開始柏拉圖「確實是無辜的，他完全被蘇格拉底的想法和方法論所吸引，確實記錄了兩人的思想交流」。[3]但後來，柏拉圖將蘇格拉底的形象作為魁儡，用來傳播他自己的想法，特別是「相論」。如果想要從柏拉圖的文字記錄中，萃取出蘇格拉底

---

[1] G. L. F. Tafel/ C. N. von Osiander/ Gustav Schwab (Hrsg.), Griechische Prosaiker in neuen Übersetzungen. Zweihundertzweiunddreißigstes Bändchen, Stuttgart 1853, S. 180.

[2] Paul Johnson, Socrates. A Man for Our Times, New York 2011, S. 97.

[3] 同上，S. 10.

真正的思想，只能從柏拉圖早期的作品下手，但作法眾說紛紜，因為柏拉圖的文字作品並沒有明確的時間分類。有些人將柏拉圖的作品與其他相關來源進行比對，試圖從中找出蘇格拉底「真正的」思想，照理說，若是其中出現阿里斯托芬和色諾芬兩人研究蘇格拉底的著作中，不曾出現的論述，應該就是柏拉圖自己的見解。這個方法原則上是可行的，但卻有個缺點，因為柏拉圖、阿里斯托芬和色諾芬的文字很少重疊。另外還有人主張原型形式的理論，即「相論」，完全是柏拉圖的想法，「真正的」蘇格拉底從未有過這套理論。但在兩人早期的對話中，即大家都認為是蘇格拉底「真正的」言論中，早已包含了相論的想法。

反之，如果將柏拉圖作品中以蘇格拉底之名所說的每句話，當作真的是蘇格拉底的看法，那會匯整出一個相當複雜的哲學家。這些文字勾勒出的蘇格拉底，是個非常激進的思想家，若是看到現今許多哲學老師將他的理論教得呆板死硬，他必定會捧腹大笑。阿里斯托芬的第三本著作《回憶蘇格拉底》（*Memorabilia*）中提及，蘇格拉底自己曾聲稱，一個人的特性會表現在「臉部表情和身體姿勢中，無論是站著或走動時」[4]。

如果他說的沒錯，可以從外觀徵像去推斷一個人的本質，那麼從蘇格拉底的臉部和身體也能推論，他是個非常難以理解的人。和蘇格拉底同時代的人曾描述他的長相其貌不揚，常赤腳走路，不常洗澡，冬天也只穿一件薄薄的斗篷，但他的外表又讓人印象深刻。他的身體健美，擁有悅耳的聲音，卻沈默寡言；他生氣時，語調低沈，但鮮少動怒；酒量很好，但不曾酒後失態，羅馬共和國晚期的哲學家暨雄辯家西塞羅（Cicero）曾稱讚說，他總是帶著沈著冷靜的面容。沒錯，這些關於蘇格拉底外表的描述令人混淆，他的思想學說也互相矛盾，在與人的對話中，他可以令人信服地表達某個立場，但在下一場對話中，他又會提出完全相反的意見。有時候感覺他好像要剝奪人類擁有真正智慧的機會，但不一會他又以明確的哲學理念推著人類往前進。蘇格拉底也有明確的神祕特質，他會和內在的聲音，也就是內在的惡魔對話，有時候則只是呆呆站著許久，望向虛無。

和這樣的哲學家形象對比，簡約的蘇格拉底顯得模糊許多。簡約的蘇格拉底是個抱持懷疑態度的理性主義者和道德主義者、邏輯思想家、沒有神祕色彩，對腥羶色情毫無興趣的教徒。無庸置疑地，此版本哲學家擁有的吸引力在於，比較好處理，也符合西方人對哲學家的既定印象，但蘇格拉底不是我們現今認為的那種哲學家。他生活在文藝復興時代的氛圍中，這個時代匯流了哲學、科學、詩與神祕主義，彼此互相影響，然後共同形成一個整體性的時

---

[4] Lutz Geldsetzer, Philosophie der Kunst oder die sogenannte Ästhetik, http://www.phil-fak.uni-duesseldorf.de/fileadmin/Redaktion/Institute/Philosophie/Geldsetzer/philosophie%20der%20kunst%20l.pdf (letzter Zugriff: 25. 6. 2015).

代精神，我們必須在這個關係條件中思考他，現今狹隘的分類對他來說太不自然，也太綁手綁腳。蘇格拉底在某一特定時刻的表現方式，也取決他所面對的人。「蘇格拉底……顯然教授和討論過許多議題，他每天幾乎都得花費數小時研究，為期至少二十五年，或甚至四十年以上。由於他並沒有發表自己的理論，而是希望透過他的提問，引發他人發掘真相，因此他很有可能與不同人討論各種不同的議題。這些苦尋自身理念和價值觀系統的人，確實能在與他相遇時激盪出各種不同的哲學思想。」[5]桑德森．貝克（Sanderson Beck）在其著作《孔子與蘇格拉底》（*Confucius and Socrates*）中寫道。

因此，我們對於「蘇格拉底的問題」的立場如下。我們接受柏拉圖文字上的意義，並假設他在其作品中描述的蘇格拉底就是蘇格拉底本人，至於蘇格拉底這個人和其陳述之間的矛盾性，和他的思維模式是否吻合，就讓我們在接下來的篇幅中一窺究竟。

真相的助產士

蘇格拉底為他的哲學講學選了一個不尋常的地點，他不在莊嚴、涼爽的大廳堂裡講學，而是選在雅典熱鬧的阿哥拉市場（Agora）。這個幾乎呈正方形的廣場上，是眾神寺廟和政府組織單位的所在地，設有讓民眾緬懷的英雄雕像，也是當時老百姓生活的中心。這裡人聲鼎沸，人們必須提高音量才能順利對話，希臘的豔陽高照，市場裡人群雜踏、臭氣燻天。因為阿哥拉也是市場和人群集散處，雅典人習慣來此閒話家常，購買魚肉、無花果和麵包。蘇格拉底赤腳走在鼎沸的吵雜聲和豔陽的熾熱下，用提問讓雅典人暫時脫離一成不變的日常生活。英國歷史學家貝塔妮・休斯（Bettany Hughes）寫道，「他『神出鬼沒地』[6]，可能突然衝到不知情的路人面前，向對方提出根本的哲學問題，嚇得路人一時手足無措；『……就像來自最大城市以及以智慧和權力著稱之城市的雅典人，不會為了錢感到羞愧……但為了理念和真理以及靈魂，他們在最佳的狀況下……』[7]」

色諾芬和蘇格拉底也是這樣認識的，蘇格拉底偏好的觀眾是青少年和年輕男子，蘇格拉底一定是在人群中注意到了年輕的色諾芬。蘇格拉底直接走向他，一開始先若無其事地問他，要去哪裡購買某項家用品，然後突然毫無預警地劈頭就問：「勇敢又有德行的人，是什麼樣的人？」色諾芬一臉困惑，答不出個所以然，但這也不能怪他，於是蘇格拉底建議他，

---

5 Sanderson Beck, The Socratic Problem, http://www.san.beck.org/SocraticProblem.html (letzter Zugriff: 25. 6. 2015).

6 Bettany Hughes, The Hemlock Cup. Socrates, Athens and the Search for the Good Life, New York 2011, S. 23.

7 http://gutenberg.spiegel.de/buch/apologie-des-sokrates-4887/5

如果有興趣繼續深入討論這個議題，可以去找他。

這就是典型的蘇格拉底作風，他自比為馬蠅，專門刺激高貴但精神低迷的馬匹。他希望能讓人們擺脫一成不變的生活，迫使他們睜開眼睛瞧瞧，他們把生活的一切看得太理所當然，完全不去探究其背後的真正意義，也因此蘇格拉底常和人發生爭執，所以在阿哥拉市場也是個麻煩人物。但即便如此，很多人還是深受這位有別於當代思想家的赤腳哲學家吸引，覺得他有股魔力，因為他展示了哲學與生活的關連。西塞羅後來形容他是第一位把「哲學從上面的世界叫下來，將它帶入城市、家庭，變成直接與人類生活、風俗、善、惡相關事物之間的必備思維」之人。[8]

當時雅典有兩派哲學家，一派強調人應該思考的內容，另一派則重視人該如何思考，蘇格拉底顯然屬於後者。他不是為別人解釋世界為何物或教導智慧的導師，他對既有的概念沒興趣，喜歡探究萬事物，包括他自己的想法，他自詡為「助產士」，幫助他人「產出」自己的智慧，蘇格拉底將稱之「啟發式問答」的教學法在與其他人的對話中實踐。他很少在聽眾面前單方面發表自己關於某一議題的意見，大多是提出問題，例如「何謂公平正義？」、「何謂真理？」、「何謂勇氣？」。他不以導師身份自居，而是扮演渴望學習新知的學生角色，這常讓他的對話對象感到受寵若驚，進而願意敞開心胸，對他滔滔不絕陳述自己對世界的看法。他們不知道自己在跟誰交手，蘇格拉底會不時追問，態度親切有理，有時還會為自己的「無知」請求對方原諒，終讓這些自以為無所不知的解釋者露出金玉其外、敗絮其中的醜相。

但這位鬼靈精怪的哲學家，當然不會滿足於簡單又明顯不過的答案，他會不停追問，直到對方回答的定義或看法錯誤或不夠縝密，論述若有矛盾或答案僅適用於某些情況時，便經不起驗證。蘇格拉底就這樣粉碎了對方陳述意見時的自信，並一而再地讓他們明白，他們的陳述表面上聽起來言之有理，但其實是空洞不實的。一般人在和蘇格拉底對話後，總會感覺自己像個笨蛋，一無所知。

但蘇格拉底這麼做，當然不只是為了凸顯自己了不起或捉弄別人的愚蠢，如果真是如此，那他就不會擁有這麼一大票熱情的追隨者了。

仔細推敲一下蘇格拉底與他人對話中的認知過程，就不難發現蘇格拉底想讓觀眾看到的思維方式，即一種從自信思考轉移至直接思考的過程。自信思考中隱藏著蘇格拉底想要揭穿

[8] Marcus Tullius Cicero/ Joseph von Preysing, Daß ein tugendhafter Mann zum glückseligen Leben in sich selbst alles finde, München 1781, S. 18.

的傲慢，那是當我們自以為知道何謂愛、公平正義、真理和勇氣時，形於外的那種理所當然。「但我們怎麼知道什麼才是正確的呢？」蘇格拉底問道，「是誰教我們的？」事實上我們只是使用了這些名詞的概念，甚至不了解它們真正的意義和定義。正因為這些概念的意義似乎太過明顯，導致我們覺得沒必要再繼續追根究柢。每當我們自以為知道，但事實上一無所知時，基本上都是自信思考使然。反之，直接思考意指，凡事都不是理所當然的，也就是說，我們可以，也必須對世界上一切想法抱持質疑的態度，追根究柢。不自我探究的人，其世界會充斥著從別人那裡接收來的模糊看法，我們也可以說，直接思考具有冒險特質，因為每次思考都是一次航向未知的旅程。

「我知道我一無所知」會成為蘇格拉底最著名的名言絕非偶然，數個世紀以來，人們都深深為這句話著迷，但說來諷刺，其實蘇格拉底不曾說過這句話。這句話源自於柏拉圖的《申辯篇》（*Apology*），有一次有人向德爾斐神壇求問，有沒有人比蘇格拉底更有智慧，德爾斐神壇回答，再沒有別人了。蘇格拉底困惑地說道：「神說這話是什麼意思？祂想要影射什麼？因為我很清楚，對於智慧之事，我一無所知」。他用自己的方式研究事物，亦即與被稱為富有智慧的雅典人對話。「與他對話時，這人……讓我感覺他自以為很有智慧，但其實不然。我試著讓他知道，他自以為聰明，但其實不然，他也因此對我恨之入骨……我不過是比他有智慧一些罷了，因為我對於不知道的事，不會自以為知道。」[9]

因此，蘇格拉底並不是說他一無所知，他的「無所知」是意識到人類有其極限，不可能萬事皆知的事實。鞋匠可能對涼鞋瞭若指掌，演講家擅長雄辯，但這些都是專業知識，這些經學習得來的知識對蘇格拉底來說都是靜止不動的，並非智慧。智慧無法掌握、無法記錄，也無法背誦。它是我們的思想突然變寬廣、多了空間容納一項認知那個瞬間的結果，而這個瞬間稍縱即逝，就像我們今天對「愛」有所理解後，明天又得從頭理解。

這也是蘇格拉底從未留下任何文字記錄的原因，人們或許可以將他的理念當作智慧千古流傳，但這根本不是他的本意，他想要傳達的不是實質內容，而是思考方式。畢竟他隨時準備好，一而再地對自己的認知提出質疑，有疑問時重新提問，必要時歸納出完全相反的看法。蘇格拉底的理論為：自知自身知識有限的人，比自認為無所不知的人聰明得多。因此，基本上「無所知」才是最高等的智慧。

在柏拉圖的阿西比亞德篇（Alkibiades I）中，蘇格拉底嘗試將這種思考方式傳授給他最愛的學生。阿西比亞德是個高貴又富裕的雅典人，當時他還不滿二十歲，個性狂妄又自大，

9 http://gutenberg.spiegel.de/buch/platons-werke-2430/27

認為自己很有政治天分，應該從政參與決策戰爭與和平的大事，為了經營政治生涯，他想要在人民議會前進行演講。蘇格拉底將他訓斥了一頓，並徹底分析了他的問題，同時使出他慣用的蘇格拉底式三招，諷刺、邏輯和天真的問題。蘇格拉底利用諷刺的方式指出，阿西比亞德在陳述中隱藏的傲慢和膚淺，並透過邏輯分析，揭露阿西比亞德回答之中的矛盾，他還故意提出愚蠢的問題，藉此顯露阿西比亞德自我評價時顯而易見的弱點。例如他會問，阿西比亞德會對雅典的人民議會提出哪方面的建言，是醫學方面？或是造船藝術方面？但如果這樣，醫生或造船師傅應該較為適合，因為他們是這方面的專家。那阿西比亞德是哪方面的專家呢？阿西比亞德勢必會承認，他沒學過任何治理國務相關的專業。接著蘇格拉底問阿西比亞德，如何定義「對」與「錯」，毫無疑問地，這是未來政治人物最基本的認知。這年輕人坦承，他從未真正思考過這個問題，他只是會使用這兩個字的概念，卻不曾思考過它們的定義，甚至也沒人能教他，因為沒人確實明白這些概念真正的意涵，雅典人可能認為戰爭是對的，但敵人可能會認為不公平。在蘇格拉底緊迫盯人的追問下，阿西比亞德說話開始結巴，回答也開始互相矛盾，在對話一開始還自信滿滿的年輕人終於完全混亂了：「哦，蘇格拉底，我的天啊！我都不知道自己在說什麼了，我覺得腦中一片混亂。因為你問我的時候，我一下子覺得這樣，但一下子又覺得是那樣。」他抱怨著。[10]

阿西比亞德此刻所體驗到的經驗，希臘文稱之「Aporie」（亦即：不知所措、絕望）。「Aporie」是直接思考相當重要的成分，那是個人信念瓦解的瞬間，原有的一切徹底崩解，當事人彷彿站在斷垣殘壁以及思想捲起的漫天灰塵之中，眼前什麼也看不見。蘇格拉底認為，這是個重要的時刻，因為這時候人們才真正開始思考，自信思考擁有光鮮亮麗的門面，但卻是由未經證實的見解，與互相矛盾的資訊搭建而成的危樓。危樓倒塌後，獨立、創意和具實驗精神的思考才能通行無阻。

對話結束之際，阿西比亞德的自信消失殆盡，站在蘇格拉底面前的他，儼然像個初生的嬰兒。這正是蘇格拉底想要帶領他來到的關鍵點，他告訴阿西比亞德，想要別人有什麼樣的反應，自己必須先體驗那樣的反應，但他必須嘗試直接思考，因為人唯有在有能力探究生命的原則時，才能活出自己的生命。蘇格拉底認為，唯有以自己的認知為基礎，人的行事才能真正自由，無法自我認知的人，充其量只是個奴隸。蘇格拉底解釋道，這番話不只適用於阿西比亞德，也適用於他自己與其他人。套用他人知識或不容置疑的知識，最終都會造成自信思考，「無所知」反而是另一種無法概念化的智慧。直接思考絕不是純粹讓所有信念瞬間崩

---

10 http://gutenberg.spiegel.de/buch/platons-werke-2430/94

解，讓人無所依據地飄盪生活的破壞過程。破壞原本結構是直接理解的先決條件，其核心蘊藏著已經準備好質疑自身知識以及認知自身知識的有限性，最終也只有這個過程可以形成屬於你自己真正的認知。由此我們便能夠理解，為何蘇格拉底要自詡為「助產士」了。

自我認知是一種靈魂的保養

蘇格拉底是個直接思考者，基本上，他不滿足於回收再利用他人的想法。他習慣自己探究事物的根本，因為對他而言，他常說「未經證實的生命不值得過」[11]。他選擇的方式就是對話，而言語就是讓他和對話對象更接近真理的工具。所以他非常重視這項工具的特性，我們可以說他是個言語大師。

乍看之下，蘇格拉底似乎和當代雅典人一樣，因為西元前五世紀的雅典人非常熱衷於修辭學，絕大部分是基於政治因素，當時雅典城邦實施直接民主制度，每位民眾都能進入議會行使他們的發言權。重要的是，觀眾不是政治人物，而是一般民眾，演講內容若是條理分明，論述令人信服者，就能在此累積加分，說服力便會帶來實際的政治影響力。當時想要擴增影響力的人，會請託詭辯家，學習演講的藝術。當時的詭辯家認為，演講的外在形式重於一切，內容反倒是其次。相較於言語笨拙的某種學問專家，即便優秀雄辯家對該事物一無所知，但他們的演說更具說服力。詭辯家的演講藝術首重操縱和模糊處理，這種技巧至今在政治圈仍扮演重要的角色。

蘇格拉底對語言的看法則完全相法，他和詭辯家幾乎毫無共通處，就和營養學專家與食物設計師一樣，他以其穩健的方式，反駁重視外表多於內涵的詭辯理論。蘇格拉底本身在修辭學上的大師功力，在《費特羅斯》對話錄中表露無遺。蘇格拉底和對話對象在鄉間小路上散步時，即席進行了一場關於熱戀有無意義的言論，這段話條理分明、論述簡潔有力，但緊接著他又以完全相反的立場，發表了一段更動人的談話。他非常清楚如何利用形式正確、但與事實全然無關的修辭達到操縱目的。

在《高爾奇亞斯篇》（*Gorgias*）中，蘇格拉底重新定義了修辭學，或說他明確凸顯出修辭學真正的意涵。這是他與當時最偉大雄辯家高爾奇亞斯的對話，高爾奇亞斯是一位偉大的修辭藝術家，但在蘇格拉底連番追問之下，他也和其他人一樣，論述開始互相矛盾，到最後甚至還有些不知所云。蘇格拉底正好利用這段對話來闡述他自己的看法，即完美的演講藝術

---

11 Ekkehard Martens, Ich denke, also bin ich. Grundtexte der Philosophie, München 2000, S. 30.

不是用言語遮蓋真理，而是必須用言語導向真相，修辭藝術本身毫無意義可言，如果不用於追求智慧，那它就只是純粹的表象。蘇格拉底應該十分認同尼采這句名言：「每句話都是一個偏見。」[12]

由於蘇格拉底特別重視語句在使用前，必須先深思熟慮，因此概念定義是他哲學思想的核心。蘇格拉底對此的說法是：「智慧的起源在於概念的定義。」雖然無法證實這句話是否真的出自蘇格拉底，卻一針見血地道出他的想法。定義概念是哲學的研究過程，也是直接思考的程序。

他大多數對話都始自於這個問題：「這是什麼？」對習慣自信思考的人而言，他們自認為已經知道這個問題的答案，即某概念的含意，但如果願意去探究某概念的含意，即為直接思考模式。亞里斯多德（Aristoteles）是柏拉圖的學生，同時也是古希臘著名的哲學家之一，當他在區分唯名定義（Nominaldefinition）和實在定義（Realdefinition）時，套用了這種想法，後者意指某名詞代表什麼，而不是透過該名詞的聯想。真正的定義包含該物的精髓或本質，或者說，它必須直接掌握該物。如果剝除掉某物上的預設和套用看法，剩下的就會是該物的原型，即其靈魂，或以現代化表達方式，即其「本質」，這個方法也能啟動自我認知程序，如果能透過對話剝掉所有從他處取得的知識外衣，剩下的就是「赤裸裸」的自我。蘇格拉底在與他人的對話中，一而再地點出德爾斐神壇入口處的文字：「認識你自己」，對他而言，追求真理是一種靈魂的保養。「因為我能做的就是說服你們，無論老少，不必太照顧身體和財產，而是應該多為靈魂著想……」[13]

蘇格拉底的思維方式在此處展現最實用的意義，因為對哲學家而言，追求（自我）認知是正確行為的唯一基礎。他認為，行為有錯很正常，因為我們自以為有所知，實際上卻一無所知，但我們仍依據自以為知道的知識行事，當然會犯錯。如果有人要烤麵包，卻不了解如何烤麵包，這還不算太糟糕，但如果有人使用道德概念，卻不了解該概念的內涵，就可能會作出毀滅性的決定。這也是蘇格拉底在與阿西比亞德對話時，提醒他其政治生涯可能會造成的後果：「你有沒有發現，錯誤的行為也可能基於人自以為知的無知所造成？」[14]因為一個乳臭未乾的小伙子自以為，他可以影響國家在戰爭與和平等事務的決定，蘇格拉底說，問題不在於他沒有知識，而在於他漠視自己的無知。在追求自我認知的過程中，蘇格拉底又得出

12 Friedrich Nietzsche, Menschliches Allzumenschliches, http://www.nietzschesource.org/#eKGWB/WS-55 (letzter Zugriff: 25. 6. 2015).

13 Zitiert nach Brigitte Theophila Schur, Von hier nach dort. Der Philosophiebegriff bei Platon, Göttingen 2013, S. 125.

14 http://gutenberg.spiegel.de/buch/platons-werke-2430/94

了一個更高，或可說是更直接的道德觀，亦即當人不斷自我質疑時，就會認知到自己根本沒有屬於自己的道德概念，因為人的道德是學習和套用而來，但並不是自己的，所以很容易就會觸犯這些道德規範的界線，這是由於他對這些道德並沒有自己獨到的見解，如果能有深入且獨到的研究，就能形成自己的直接道德觀。能自行鑽研諸如「正義」和「善」等議題的人，便會從中導出自身相應的行為。蘇格拉底相信人性：他認為人是因為有所不知，才會產生錯誤的行為。

或許有人會說，蘇格拉底太相信人性了，不一定每個探究「善」議題的人都會得出不同的結論，但這正好讓我們看見直接思考的一個很有趣面向。如前所述，直接思考與自信思考不同，後者的基礎建立在從他人處取得的資訊上，這些資訊原則上時常互相矛盾，因為它們來自不同層面的看法。我們大抵上可以肯定地說，我們不可能找到一個普遍性的「正義」，但蘇格拉底對此有不同的看法，他認為，人可以藉由其思考模式認知到諸如「善」等事物的普遍性原則。

這樣的想法就是蘇格拉底在《費特羅斯》對話錄中，向年輕的費特羅斯解釋的「相論」基礎。蘇格拉底和這位雅典人來到鄉下散步，這對蘇格拉底而言是相當不尋常的行為，因為他很不喜歡出城。「這些綠地和花朵不願意教我，但城裡的人們願意教我。」[15]他說道。但費特羅斯的作伴或許可以讓他這次出城有所收穫，或許美麗環境也能賦予哲學家新的靈感。他們坐在一棵懸鈴木樹下，伴著潺潺泉水聲，蘇格拉底告訴年輕學生一個有關靈魂的傳說，當靈魂失去翅膀，從神國掉落凡間時，它進入了一個人的身體。於是凡間那個有了靈魂的人，其潛意識憶起了靈魂在神國的記憶和美好，諸如善、美和真。當這個人看見一物或一個人內在那善、真或美的瞬間，便會記起這些事物的原始型態，即思想。善良的人本身並非「擁有」善，而是透過這個善良的人將「善」反射給別人。「這是我們的靈魂回憶起它和神同行時，曾經看到的記憶……」[16]

蘇格拉底認為，還有另外一個方法可以了解事物的本質，而非透過該物取得資訊。想要認知某一物，必須直接接觸該物的精髓，透過直接思考模式即可認知一物的「思想」，下次如果你想看美好的事物，例如落日，可以有意識地採取這樣的原則。對蘇格拉底而言，美好的事物（如：落日）、真實的事物（如：哲學）或溫柔的行為（例如：在與愛人的關係中）都是會令人憶起思想王國裡那美、真和愛的精髓，而表現在這凡間的型態。當人看見落

---

15 同上

16 G. L. F. Tafel/ C. N. von Osiander/ Gustav Schwab (Hrsg.), Griechische Prosaiker in neuen Übersetzungen. Zweihundertzweiunddreißigstes Bändchen, Stuttgart 1853, S. 117.

日或感受到對伴侶的愛時，人便會自動與那個「終極」的美或愛的基本思想連結。在這種情況下，直接知識意指人認知到一物最內在的本質，而不只是該物表面，或視情況而定的外表形式。

這時候我們能清楚看出，直接思考是由三個步驟組成：認知到自己對於一物的偽知識、意識到自己的無知，以及直接觸及一物的思想。人若是擺脫想法和偏見的束縛，能在無預設立場的情況下觀察一物時，便能同時喚醒一種自主性的才智，透過上述三個步驟，便能與這種自主性才智連結。

虛假和真實的穩定性

蘇格拉底的問題，挑戰了不喜歡認輸的心理機制。多年來，研究學者都知道，人類具有高估自己的傾向。在研究中，學者認為這種現象是人類最常見的認知偏見之一，並稱之為「過度自信效應」（Overconfidence Effect）。特別是在詢問受訪者對於某特定看法或答案是否正確的確定性上，受訪者經常出現過度自信的現象，神奇的是，越是確定的人，錯誤率越大。但這種過度自信的效應影響範圍更廣，以下研究調查結果令人咋舌：人類在自我評估自身知識和能力時，常出現嚴重的錯誤。瑪莎・莎・加布里埃爾（Marsha T. Gabriel）和約瑟夫・和約克里泰利（Joseph W. Critelli）在一項針對大學生所做的調查中，得出以下結果，即所有受訪者都有高估自己智力的傾向，此外，男性受訪者則傾向於高估自己的魅力。另一項在美國內布拉斯加（Nebraska）大學所做的調查結果顯示，高達九四％的受訪教授，評估自己的教學能力高於平均水準。

乍看之下，這種行為似乎有些危險，事實上研究學者很早以前就意識到，自我高估應該是人類行為的基本傾向之一。二〇一一年，多米尼克・約翰遜（Dominic Johnson）和詹姆斯・福勒（James Fowler）在《自然》（*Nature*）科學期刊上發表他們研究「過度自信效應」的有趣結果。他們藉由模型計算的方式確定，對自身能力的過度高估有時候能為當事人創造競爭優勢，因為高估自身能力和力量的人比較有自信，有時候也確實比較容易成功，想想那些自大的商人或因自信為自己平庸外表增色不少的人，就能明白箇中道理。但不是只有人會高估自己，國家也是如此，不過這可能會帶來災難性的後果。約翰遜和福勒以二〇〇八年的金融危機和伊拉克戰爭為例，自我高估會讓政治人物和企業家錯估情勢、形成不切實際的期待以及錯誤的決策。難怪美國史丹福大學（Universitat Stanford）的心理學教授史考特・普勞斯（Scott Plous）稱「過度自信效應」為所有認知偏見中最具潛在危險性的偏見。

但自我高估還有更深層的面向，其實在自以為高人一等的假象背後，隱藏著對安全感的原始期望。安全感是人類的生存需求之一，我們想要知道自己的定位，於是寧可抓住錯誤的信念，也不要一無所知。大多數人都曾有過強烈支持某項看法，但卻不確定自己是不是對的這種經驗，我們對世界的看法，會形成一個支配我們行動的精神座標系統。在這個系統中，我們幾乎對一切深信不疑，只有攸關生命的基本問題才會撼動這個系統。為什麼我們對某些事物就是很有把握呢？自信思考根本不會去質疑它們，也不會去探究，因為一旦有所質疑，伴隨而來的就是困惑和不確定性。這兩者會讓原本自信滿滿的人，瞬間變成無所適從的孩子。

而這正是此種思考模式的問題，它一副給人安全感的模樣，但事實上，它很不穩定。它不容許自己的信念受到撼動，因為這會讓它害怕；它也容不得太多質疑，因為這會讓它自信的思想系統瓦解；同時它也發現，無論是有意識或無意識，它的信念是來自資訊和經驗的總結，經不住嚴格的檢驗，因為我們的知識本身是互相矛盾的，我們在學校學到的，不一定和在家裡得到的資訊相吻合，而家裡的資訊又可能和鄰居的互相矛盾，或至少與其他國家的人看法有所差異。這不禁凸顯了一個基本問題，也就是我們究竟知道什麼？我們究竟有沒有別人奪也奪不走的看法？當我們徹底地探究這個問題後，便會發現，基本上我們所知道的一切都沒有基礎，全是虛無飄渺的認知，因此大多數人戰戰兢兢地，必須對它們百般呵護，寧可隨便抓住某些信念和原則，也不希望腳底下的地板崩塌。我們對科學的絕對信任也充分顯示這種現象，絕大多數人都不是科學家，研究報告也看不出所以然來，但我們還是傾向於相信科學研究所證實的結果。如上述幾位學者所言，其實我們相信的是過度自信效應，原因很簡單，我們深陷在自我高估的思考模式中，深信資訊代表的就是「事實」。

科學研究和資訊當然在我們的生活中扮演重要角色，但我們也很清楚，這些資訊無法回答生命中的所有問題。如果想知道如何經營美好的人生，我不會去參考任何科學研究，當然也可以試著從各種科學研究中找出答案，但結果應該不會太令人滿意，因為我可以從社會學、心理學、人類學等各種方向來探究這個議題，但最終並不會得到明確的答案。因此，在面對生命的基本問題時，獨立性的見解是不可或缺的，但它不會憑空出現，這種能力必須自己培養。

直接思考模式的必備先決條件是，必須承受混亂和無知，因此這種思考模式需要勇氣。蘇格拉底擁有這種勇氣，他一直是個無所懼的思想家，混亂對他來說根本不算什麼，他的部分對話，特別是早期的對話，似乎是無盡的延伸，即便沒有產生任何結果，他也完全無所謂。這些無盡延伸的對話最後似乎總在未達到任何認知的情況下，即在「Aporie」（不知所措、絕望）中結束。對蘇格拉底來說，這不是問題，因為他知道「混亂」之所以令人恐懼，是因為你不了解「混亂」。「混亂」不是會攻擊人類理智的怪物，不會把我們的頭腦逼入霧裡看花的世界，而是取得獨立性見解前的中間階段。「認知」無法一蹴即成，必須經歷漫長艱辛的「Aporie」（不知所措、絕望）谷底，一旦明白這一點，混亂狀態便會失去其威嚇的力道。

事情關鍵在於，直接思考能創造出一種穩定的型態，這是自我高估的思考模式望塵莫及的。而自我高估的思考模式必須不斷地維護其信念，這需要能量，還會帶來相當程度的固執，因而被誤以為是穩定性，但其中隱藏著很大程度的思考錯誤。信念不會帶來安全感，因為它可能經常搖擺不定。

而真正唯一的穩定性源自於能夠質疑萬事的能力，當所有信念瓦解時，不畏懼混亂和無知者仍能屹立不搖，當腳下的地板被抽走時，他總能找到讓他飛翔的助力。具備在這種狀態下還能怡然自得的能力，是不以舊資訊為基準，形成新認知的先決條件。

因此，即使面對死亡，蘇格拉底也能從容以對。他被控「腐蝕青年」和「不敬神」，而被判飲下毒汁的死刑後，生前最後幾天他也和平日一樣，從事他最喜歡的活動。他和訪客進行哲學對談，還開始生平第一次的寫作，甚至作詩。因為不想離開雅典，他拒絕學生們試圖安排他逃跑的計劃。最後一天，他平靜地飲下毒堇汁，死亡是終極的混亂、終極的無知，對蘇格拉底而言，此刻，這兩者已經是他的好友。

蘇格拉底是希臘的愛人

從畫作和雕像上那高貴、正直又嚴肅的蘇格拉底來看，大家會以為蘇格拉底是個對人的事物不感興趣、超凡脫俗的人，然而畫作可能與事實毫不相干。蘇格拉底確實是個很有自制力的人，但他內心燃燒著熊熊烈火，他的對話充滿詩意和感性，也在觀眾內心燃起了他們自己也無從解釋的熱情。「因為每當我聽到他的話，我的心就蹦蹦地跳……眼眶裡的淚水不禁為之潰堤，放眼看去，我發現別人也同我一樣。」[17]當時有人這麼說道。

是什麼樣的人能激起觀眾這樣的反應？是什麼樣的哲學家，每天出門，不想待在安靜的斗室裡靜思，而是不斷接觸人群？他不時在與他人的對話中誘引出真理，追求真理，用詩情畫意的文字形容真理。「哲學」的希臘文可直譯為「對智慧的愛」，不無道理。但這個概念

---

17 Julius Bernhard Engelmann, Sokrates und seine Zeit, Frankfurt a. M. 1812, S. 117.

並不能完全涵蓋其含意，因為這個字也代表了友誼的愛，但蘇格拉底和智慧之間豈止是友誼而已。

想了解他們之間的關係，就要參考柏拉圖的《饗宴篇》，很多人認為這是柏拉圖的傑作。這場盛宴上來了很多高貴的賓客，他們決定當天晚上不飲酒，而是輪流演講來歌頌希臘神話中的愛神。愛神的任務是讓人順從渴望，燃燒熱情，像磁鐵一樣被自己追求的對象吸引。蘇格拉底的演講是當晚高潮，他講述了老師俄提瑪（Diotima）的故事，他所有關於「愛的本質」的概念都是經由她教導的。俄提瑪對愛神有個有趣的詮釋，她說道，祂是凡人追求不朽的渴求。普通人透過性行為傳宗接代的方式，來滿足這種對「不朽」的渴求。俄提瑪又說，但也有更高層次的生育和性愛形式，「有些人的靈魂比其所屬的身體更想綿延不絕地繁衍和延續，但靈魂能繁衍什麼呢？智慧和德行。」[18] 哲學家的性愛渴望將他引往智慧，他的渴望從單一事物擴展到一般性原則，藉此逐漸接近智慧。俄提瑪也描述了哲學家如何逐步認知美學，哲學家了解，一個誘人的軀體並非擁有「美」，而是具備了「美」的原則（思想）。哲學家環顧四周，隨著時間，認知到更廣泛和更高層次中那美的事物，看見了所有美麗軀體裡那美的品質、德行和行為，以及哲學認知的靈魂之美，最後他遇見了「美」本身。俄提瑪說道，這種與原始思想合而為一的靈魂體驗是性愛的最高目標。「……從一個到兩個，從兩個到所有美好的軀體，從美麗的軀體到美麗的期望，然後從美麗的期望到美麗的認知，直到我們能在認知中結束於某個認知，而這個認知本身就是原始的美，最終認知到美的本質。」[19]愛神即渴求，變成了人與神，即思想國度間的媒介。

俄提瑪對蘇格拉底傾囊相授，蘇格拉底終身追隨這位老師。這也能理解為何蘇格拉底一方面對俊俏的年輕人有著熱情渴求，卻不會碰觸他們，甚至對阿西比亞德也不會，阿西比亞德曾在饗宴篇中抱怨過蘇格拉底的冷漠，但蘇格拉底的愛神不是用來滿足生理的手段，而是如他的老師所教授的，是通往超越性（Transzendenz）的途徑。蘇格拉底比任何人都愛和崇敬真理，事實上他渴望抓住它，他不是枯燥乏味的哲學家，在他整個思維模式中，都是個道道地地的愛者，性愛的思想家。

我們甚至可以說，他和對話對象進行了一種微妙的性交遊戲，對話就像一種孕育認知的性行為。蘇格拉底在與他人的對話中，透過不斷深入對方內在的方式，逐漸靠近他。在最佳的情況下，對話的兩人如此接近，進而使兩人的本質直接相遇，那是一種最直接的認知，

---

18 http://zeno.org/Philosophie/M/Platon/Das+Gastmahl

19 同上

與一般所謂的知識無關。這種最直接的相遇和合而為一，是直接思考模式最高層次的性愛品質。

我們可以用一段長期的愛人關係來比喻這種性愛思考。熱戀時兩人總是黏在一起，就像古希臘人所說的，被愛神的箭射到了。但一段時間後，這種熱情逐漸消減或甚至消失，兩人太熟稔了，失去了熱戀時的激情。那是因為我們對彼此瞭若指掌，在餐廳裡，不等對方開口，就知道他會點什麼；我們也知道對方一早起床時的模樣，也不必猜他喜歡什麼音樂，但這些資訊並不等於對方，只是關於對方的知識。如果我們可以「忘記」關於對方的一切知識，例如，突然發現他和以往不同的表現或是很久沒看見他，就能重新直接遇見他。即便只是那麼一剎那，你會發現你們又重新戀愛了。

從某個角度來看，蘇格拉底終其一生都在戀愛。因為他不斷地讓他的思想返回到無知狀態，他利用此方式不時回到他遇見世界的第一次，一而再地感受他與事物之間的距離逐漸消失、進入事物最細微和最深層內在的神奇魔力。

如果你想試試這種思考模式，不妨找個必須做出道德判斷的當下來測試。例如，正在考慮要不要捐錢給某慈善機構，還是該用這筆錢好好犒賞自己的時候。如果你詢問五位朋友的意見，應該會得到五種不同答案，因為他們原則上都以自己既有的假設回答問題。因此，即便你花再長的時間思考，也得不到自己真正獨到的見解，最後乾脆選擇最能說服你的答案，但矛盾依然存在，因為你並未完全釐清問題，只是將其他的可能性推到一旁罷了。這時候，你可以試試採取直接思考模式，也就是先將所有相關資訊和預設立場擱置一旁，或許將這些資訊寫下來會比較容易一些，也就是說讓寫下來的那些資訊就留在紙條上，不要讓它們盤旋在你的腦海裡。當這些資訊全部清空，你的腦袋就空空如也，這樣便能重新認識該事物。思考它，但不要抗拒這時候你對該事物一無所知的事實，或許你的大腦感覺一片空白，或許此刻你感到混亂和困惑，甚至還可能出現不適感。如果能保持冷靜，不在這虛無或混沌的感覺下盲目地尋找解答，不久就會發現，迷霧逐漸消散，突然間，彷彿憑空出現一般，你頓時了然於胸，得到全新且直接的見解。這是一種直接與該物本質接觸的感官經驗時刻，這時候，你就像蘇格拉底一樣，將哲學從天上拉回了人間。

第七章

漢娜・鄂蘭（Hannah Arendt）

主動思考，或艾希曼的譬喻

一九六四年，德國記者君特·高斯（Günter Gaus）在他主持的電視節目《人物》（Zur Person）上與漢娜·鄂蘭有一場經典對話。這場對話始於一段相當特殊的爭論，高斯認為鄂蘭是哲學家，不過鄂蘭友善但堅定地拒絕這個稱號，對於鄂蘭的反應，高斯顯然十分不知所措。大家都知道鄂蘭的思想體系源自於德國哲學，因為她曾師從德國哲學家馬丁·海德格（Martin Heidegger）和卡爾·雅斯佩斯（Karl Jaspers）研讀哲學，她自己也是哲學經典名著如《極權主義的起源》（*Elemente und Ursprünge totaler Herrschaft*）、《人的條件》（*Vita activa oder Vom tatigen Leben*）的作者，且本身思想顯然就是深入分析蘇格拉底和康德、黑格爾與海德格思想的結果。為什麼這樣的一位思想家堅決拒絕接受哲學家的封號？

對漢娜·鄂蘭而言，拒絕哲學家的標籤有其重要性，她不認為自己是哲學家，認為以她專長來看，應該是「政治理論家」。想要了解她的思考模式，這個行為是為重要的指標。對她來說，在與高斯的這場對話中，重點並不單純在於其研究領域的表面定義，而是她對世界的態度、對生命的基本看法，而這些……沒錯，全都與她的哲學思想有關。

鄂蘭為何會如此劃清界限的原因之一，在於她與影響她最深的老師馬丁·海德格之間的關係。一九二四年，鄂蘭在德國馬爾堡（Marburg）遇見馬丁·海德格，這場相遇在兩人生命中激起火花，並讓三十五歲已婚的海德格與當時才十八歲的猶太籍女學生展開了一場長達四年之久的地下情。

海德格的才情和學識不僅讓鄂蘭印象深刻，慕名前來聽他授課的學生也蜂擁而至，學生之間一直有個傳言，這麼久以來，現在第一次發現「有人的思想……又復活了」[1]。如鄂蘭後來親口所說的，這些求知若渴的學生覺得，「現在終於有一個可以教授思考的老師了」[2]。鄂蘭在與這位知名哲學家相遇四十五年後，寫道：

> 「大家聽信了傳言，來學習思考，後來發現，思考竟然可以……變成熱情的純粹活動。我們太習慣於理智與熱情、靈魂與生命之間的對立關係，對於熱情思考，即思考和活著合而為一的思考模式相當陌生。」[3]

---

1 Hannah Arendt, Martin Heidegger ist achtzig Jahre alt, in: Günther Neske/ Emil Kettering (Hrsg.), Antwort. Martin Heidegger im Gespräch, Pfullingen 1988, S. 232 f.

2 Liliane Weissberg, Affinität wider Willen? Hannah Arendt, Theodor W. Adorno und die Frankfurter Schule, Frankfurt a. M. 2011, S. 200.

3 Hannah Arendt, Martin Heidegger ist achtzig Jahre alt, in: Dies., Menschen in finsteren Zeiten, hrsg. v. Ursula Ludz, München 1989, S. 171.

「思考是純粹的活動」，從許多角度來看，這就是哲學本身的定義，而這個想法呈現的層面遠大於鄂蘭對思考的理解。隨著時間的演進，鄂蘭對於這種自省式的哲學，尤其是對海德格的理論，總是維持一個關鍵性的距離。鄂蘭越是意識到自己特殊的思考模式，就越覺得與海德格的理論格格不入。她看到一種明顯不足的同理心，一種距離現實世界非常遙遠的自我深陷，「他的利己特性、與同類人極端劃清界限的作法」[4]，使她覺得海德格的理論與世隔絕。鄂蘭對於這樣的思考模式感到憂心，因為她認為在這種思考模式下，人不斷地思考自己，彷彿自己是個封閉的圓，與世界毫無關連。

海德格親納粹思想的行徑讓鄂蘭確認，無論哲學深淺，哲學本身不一定會導向道德行為。哲學與行為之間的決裂讓她的思想更為定型，她認為兩者是不同的領域，且之間沒有橋樑，彷彿世界上不可能存在思考過的行為。他們兩人分手二十年後，鄂蘭終於原諒了海德格過去的納粹歷史，兩人重新建立彼此的信任感。他們的友誼一直延續到一九七五年鄂蘭去世為止，但鄂蘭沒再回去扮演她從老師海德格身上習得的純哲學思想角色。

一九二四年，鄂蘭豆蔻年華時期，海德格當時是「思想帝國的神秘國王」。但隨著時間，年輕的鄂蘭也受到這個帝國不同影響，她開始質疑人們對於哲學的傳統看法，無法漠視海德格的老師，埃德蒙德・胡塞爾（Edmund Husserl）對哲學和平革命的呼籲，即停止無止盡的自我內觀，重新回到「事物本身」[5]。她後來轉學到德國海德堡大學，在那裡遇到海德格的哲學家朋友卡爾・雅斯佩斯。卡爾・雅斯佩斯具體的理論，才是她真正的覺醒，「當哲學在某個時刻滲入一個人的生命時，哲學才是真實的。」[6]

鄂蘭明白了，她不喜歡純粹內省的思考模式。她認為純粹內省是一種反擊自我以及「在自己的靈魂找到它唯一的物件」[7]的思考模式。內省對她而言，就是與世界隔離，也就是人對世界不感興趣，專注力只聚焦在唯一事物，即內在的自我上。在這種隔離的狀態下，思考是「無限制的，因為沒有外界的打擾，沒有行為的需求」[8]。這時候，無論世界變得如何，人都無所謂，也不想再理會那個「險惡的外界」，只想在這個姿勢和態度下度過一生。「這個『反省』犧牲了客觀、開放、對事物的關心，因而被所有的主觀性重重包圍。」[9]鄂蘭確

---

4 Hannah Arendt, Das Selbst als Sein und Nichts: Heidegger, in: Dies., Was ist Existenz-Philosophie?, Frankfurt a. M. 1990, S. 37.

5 Edmund Husserl, Husserliana Bd. XIX/1, S. 10.

6 Matthias Paukert, In Bezug auf Weltanschauungen und Ideologien bindungslos, http://www.uni-heidelberg.de/presse/unispiegel/us06 – 05/inb.html (letzter Zugriff 15. 6. 2015).

7 Hannah Arendt, Rahel Varnhagen, München 1985, S. 21.

8 同上

9 同上，S. 31.

信，偏好內省，是她年輕時的一大錯誤。

褪下了反求諸己這層保護衣，鄂蘭走上與傳統哲學截然不同的路。她將這最終的轉折點歸功於一件歷史事件，是「險惡的外界」「干擾」了她的思想，讓她走入作夢也沒想過的世界。

「我從不曾認為，人可以乾脆坐視不管」

鄂蘭於一九六三年時自述，青少年時期她對歷史和政治絲毫不感興趣。「如果說真要說我受什麼影響最深的話，那應該就是德國哲學了。」[10]二十世紀三〇年代早期的政治局勢變化很大，她生長在一個反學術氛圍的社會，人們寧願多花心思在當時的時事上。一九三〇年，納粹在國會選舉大勝後，她無法理解其他思想家的想法，因為那些人似乎不在乎日益黑暗的政治局勢。直到一九三三年，國會縱火案後一大票人遭到逮捕，鄂蘭的政治思想才完全改觀。

對鄂蘭來說，這一年她的哲學與行為正式分道揚鑣，從她堅決留在柏林的決定可見一斑。雖然這時她已經考慮是否移民的問題好幾個月了，但此時她明白，自己不能就這樣無作為地坐視不管，將自家公寓提供給必須逃難的希特勒反對者做為臨時站。她不是消極地思考，而是在真實的世界裡積極付諸行動，表達自己的反對，這也是她第一次感到徹底的滿足。這段時期是她進入實務行動的起點，也是日後為政治理論發展重要貢獻的基礎。

鄂蘭後來在電視節目上與君特・高斯談話時說道，一九三三年有許多人因政治因素被囚禁在蓋世太保的牢房或集中營裡，這段非法逮捕時期「對我而說是最直接的震撼，從那時刻起，我意識到自己的責任」。她繼續說道，發現這份責任感後，澆熄了她內在無辜和天真的想法，但她接收到另一項與她切身相關的震撼，也就是她與學術思想的距離又拉開了。「他們一旦能重見天日，政治就變成了個人的命運」，鄂蘭絕望地發現，她認識和信任的朋友，現在都自願與納粹合作了。「那感覺就像四周形成了一個虛無地帶，我生活在一個知識界裡……但我發現，納粹強加的思想一體化，變成了這些知識分子的規則……我永遠也忘不了。我離開德國的時候，聽起來或許有些誇大其詞，但我滿腦子只有一個想法：絕不！我再也不想聽到他們這些知識分子的事了，我不想再和這個國家有任何瓜葛。」

鄂蘭天真地認為知識分子具有道德優越感的信念，在這一刻徹底瓦解，她開始找尋邪惡

10 Hannah Arendt, Ich will verstehen. Selbstauskünfte zu Leben und Werk, hrsg. v. Ursula Ludz, München 1963, S. 29.

的根源，以及能夠矯正世界判斷和行為的條件。她從哲學轉向政治的轉折，使她很長一段時間都遠離知識界。她逃到巴黎，積極投入反戰，主張猶太復國主義，這時候她不再以個人角度思考，而是開始專注思考集體概念。當她體悟到自己的角色是世界公民時，才認知到：「因猶太人背景而受到攻擊時，就必須捍衛自己的猶太人角色。」而猶太人問題並非她單一個人的問題，於是她的個人問題變成了政治問題。她拒絕將自身主題當成存在於中心的思考模式，因此她開始將個人的命運，以歷史的角度解釋為我們人類意識的一部份。個人只是整體結構的一部份，且是由以下條件形成，即個人的生長條件、居住地、社會族群。鄂蘭的結論是，人類存在問題在於其整體結構，或者換句話說，在於其政治領域。

鄂蘭也基於相同的原因認為，世界上真正的改變、真正革命性的想法只可能出現在政治領域。擺脫政治舞台、無法將其意識型態藉由目前情況轉換為具體目的和改善建議的運動，只能流於抽象和無效益，想在世界上有所行動的人，必須參與政治。因此她一開始對女性運動和猶太復國主義運動抱持批判的角度，因為這些活動主要是在社會領域運作，且專注在社會議題上，她在巴黎觀察到法國的社會主義者致力於階級鬥爭，對於國際發展卻漠不關心，對猶太問題也毫無助益。她也很驚訝猶太人拒絕思考政治，漠視自身的權益，也不願去正視他們普遍性的命運：「……我們不清楚，整個猶太民族的命運遠大於我們自己。」[11]

一九三七年，猶太人的希望全毀滅了，許多猶太人甚至建議返回隔坨區（Ghetto），認為必須撤離歐洲文化區，然後專注在自己的猶太文化上，但鄂蘭認為這麼做是對在這段時間，猶太人敵人權力不斷增長的嚴重錯誤反應。她認為猶太人必須要有政治見解，猶太民族要恢復國譽只能仰賴政治，來對抗欺壓和威脅猶太人的強權，退縮代表失敗，因為大家都沒認知到，整個歐洲即將面臨毀滅，因此，將猶太復國主義視為孤立運動是不夠的。正當別人因歐洲發展情況感到驚恐萬分之際，鄂蘭迫切地呼籲催生新的猶太政策，以及能與希特勒抗衡的猶太軍隊，她甚至為攻擊納粹政治人物的施暴者提供法律協助。

如大家所見，鄂蘭思想徹底改變，並不是因為她擁有不受外在事物影響的內在見解，擁有內在的認知當然很符合哲學家形象。但鄂蘭的思想之所以特別，在於改變其看法的方式，原因在於她生活在歐洲歷史和政治的變化之中，她的思想參與了世界的運行，並與世界的變化緊密結合。這就是一種主動思考。

主動思考是一種高度積極的思考模式，是為了在現實世界付諸行動前的準備工作，此外，主動思考本身也已經是另一種型態的行動，思考行為包括負責任以及參與世界運行的意

[11] Hannah Arendt, We Refugees, in: Marc Robinson, Altogether Elsewhere. Writers on Exile, Boston 1994, S. 114.

識。大家常會將思考理解為從世界抽離，也就是從世界發生的事物抽離，然後投入沈靜的內省之中。然而，主動思考不同，主動思考者對外在事物有強烈的責任感，純粹觀察者的舒適位置並非其選項之一，因為他們知道，只有全心參與世界的運行，才能作出正確的判斷和行為。

對鄂蘭而言，思考是一種工具，它可以協助人們將新的專注力注入自身行為，讓白日夢、飄忽不定的意念，和脫離現實世界的自我深陷狀態無機可趁。鄂蘭的思考模式和漫無目的的思維正好相反，其思考模式是強而有力的投入和專注。

漢娜·鄂蘭的政治思想不受一般人現今普遍認為的政治操作所限，即基於選民權益討論決策的國會議員。對她而言，政治是民眾聚會、判斷和行動的整體公共空間，人們在這個空間裡意見交流、討論和對話。政治思考可以理解為，去思考，才能在現實世界裡作出判斷和行動。

鄂蘭認為，古希臘的哲學和政治密不可分。但隨著時間的演進，兩者之間的距離越來越大，最終哲學成為純粹的思想，徹底脫離世界。但她認為以下這個問題更甚於哲學本身，即個人的思考傾向獨善其身，不承擔責任。直接了當地說就是，普通思考幾乎等於不思考，好似停止一切質問事物和自我評斷的所有自發性精神活動。我們可以說，鄂蘭希望能從抽象思考者的雙手解放思考，並將思考還給每一個人，讓他們能夠學習到，如何真正且積極地運用自己的思考能力。她的政治理論就是基於這麼特殊的重要意識所形成的。

放棄思考的人

二次世界大戰結束時，鄂蘭還留在巴黎幫助猶太難民和反法西斯主義者。她開始用文字記錄思想與行為合而為一的理念，隨著時間，她逐漸遠離政治活動，開始嘗試發展一種新的政治科學。她的經典著作《極權主義的起源》就是初試成果。這本由一名原本研究哲學、至今不曾出版過任何歷史或政治理論著作，沒沒無名女子所寫的書，受到各方評論者的青睞。這是讓她揚名國際的第一本作品。

鄂蘭在《極權主義的起源》中揭露了納粹政權和史達林主義等恐怖帝國的真面目，並仔細研究了極權統治的特性，她縱括了四個極權要素：第一個元素是說明整個人類歷史，以及為極權政體和其政治合理化的意識型態。該意識型態中包括卓越的民族和永遠的敵人之間那段神話；第二個元素是如納粹集中營和蘇聯勞改營所表現的專制；第三是人類關係的破壞；以及第四，官僚統治，即不露面的控制權。

這本書最值得注意之處在於，鄂蘭意識到，並警告說，這種帝國僅僅存在著，就足以對全人類帶來危險，因為代表人類彼此溝通的公共空間，也就是政治，可能會完全消失。在某特定歷史條件下，政治才會出現，但有一種政府型態會將政治完全澆熄，它會先剝奪某一族群生為人的權利，之後再剝奪另一族群的權利。而即便在民主制度下也有可能受到極權元素的影響，例如合理化對於非民主政權的要求，不擇手段強迫該政權進行民主，或如五〇年代在美國所發生的，以民主之名和貼上愛國標籤的反自由思考運動。鄂蘭因此認為，極權元素的知識必須深植在意識中，才能避免隱含的極權控制在民主國家中蔓延。

鄂蘭更深刻地認知到，極權主義是一種反政治程序，它會導致所有思考的停滯。但當人在無外力強迫情況下，就陷入思想不集中狀態，閃躲參與政治時，也會發生同樣的事情。正如我們對鄂蘭的了解，她對政治抱持非常嚴厲的看法，因為這個系統會將整體責任，轉移到挑選出來的少數政治代表者身上。她相信極權主義的解藥就是參與式民主或人民議會共和國，也就是自動發起的人民組織，沒有政黨組織，甚至連領導者也無從掌控。從上述看法觀之，就能深入了解鄂蘭的主動思考：個人積極投入且具責任意識的思考，是制衡政治中邪惡力量的唯一元素。

鄂蘭在其第二本著作中繼續她的「新政治科學」理念，她專注在哲學無法為人類在世界上，提供真實且實務運用的行為可能性這份事實。她寫道，思想家背離世界，並為這種冷漠賦予更高的價值。她認為，自蘇格拉底以來，哲學家最有興趣的，就是盡可能在無干擾的情況下，透過政治致力於他們的思考工作。於是她提出這個問題：我們該如何認真看待政治？或換句話說，如何將思想變成行動的工具？鄂蘭的主張為，如果我們能將思考與行為結合，才能激勵我們去思考和去行動。此舉還能將哲學家的注意力導回現實世界，是為對解決世界大戰、極權主義和原子彈等政治事件的期待。

鄂蘭期望看到新型態行為的出現，她從中整理出的寶貴結論為，思想的行動「**Vita activa**」的重要性，亦即有作為的生活或政治生活。同時，她對「行為」與「工作」和「生產」的定義區別化，後兩者是人類有限的行動，是為了取得生活所需事物或以線性程序製造事物的動作。人為世界帶來新意和不可預見之事物時，才是行為，且人在進行行為時，必須仰賴其他人的協助。換句話說，人類產生行為需要公共空間，人在私人空間裡滿足物質需求，但若要產生行為，不可或缺的是多數人這個條件，因為需要人與人彼此之間的關係。

鄂蘭擔心，這種公共空間和思想的行動，也就是「**Vita activa**」，將逐漸喪失其意義。因為她相信，在基督教的時代，公共生活已經失去其深層的政治意義，人類行為已經大幅減少到只限於日常生活的必要性，自由已經流失在靜觀沈思的陌生思維當中，唯有在「**Vita** contemplativa」，自己的內在世界裡，才找得到真理和自由，除此之外，公共空間和私人空間的界線逐漸模糊，國家變成了巨型的家庭，每日行政就是處理個人的社會和經濟事務，那個公共且自由的空間已經被「社會空間」所取代。

從這裡我們可以再一次了解何謂主動思考，鄂蘭希望透過她將人定義為主動者的方式，帶動哲學革命。她希望專注在思考行為和人類事務所帶來新形式的行為。納粹主義和史達林主義為她生長的時代帶來可怕後果，還烙印下「所有意識型態的終結」印記，知識份子的力量似乎全無用武之地。鄂蘭想要為人類行為賦予新的思想和意義。

當所有道德結構瓦解，人只能自己評斷如何在這種世界作對的事情時，她希望，自由思考能成為人類最後的救贖，在一切都不可行時，她仍在尋找能自動保護政治空間自由的方法。她找到的方法是，人必須找到其內在唯一可用的道德羅盤，在沒有外在標準的情況下，人必須詢問自己關於自身的主張和看法。「有些事不能做，因為做了以後，我將無法與自己繼續和平共處。」[12]她拒絕各種形式的道德意識型態，急迫地呼籲人們要獨立思考，讓主動思考來引導自己。

鄂蘭政治思考的關鍵點是，人類必須不斷學習思考和判斷能力，因為不思考是所有邪惡的根源。另一方面，思考是人類與自己進行對話、觀察自身經驗，並從中為自己和他人取得知識的能力，是體現真實道德的唯一希望。人類透過思考，可以審視過去，「走入深層層面扎根，穩定內在自我，才不至於因時代精神、歷史或誘惑等其他因素，迷失了方向。」[13]

鄂蘭提出警告，辦不到的人，就會出現錯誤行為。她提出德國納粹前高官阿道夫・艾希曼（**Adolf Eichmann**）這個極具爭議的例子，她曾為《紐約客》（*New Yorker*）雜誌執筆一系列有關艾希曼受審的報導。阿道夫・艾希曼是前納粹德國高官，也是執行系統性消滅猶太人計劃的主要負責者之一。二次世界大戰期間，他負責將大批猶太人運送至猶太區和集中營。一九六〇年，以色列情報特務局在阿根廷逮捕了艾希曼，艾希曼的審判引起國際的注目。最後判他有罪，於一九六二年處以絞刑。

在這之前，鄂蘭總認為極權主義的終極邪惡是一種普遍現象，但艾希曼這個例子讓她有機會一窺邪惡的真面目，尋找那更深層的力量和想法，並歸納出各種極權形式。她原本和其他新聞記者一樣，也準備好好見識一下這個泯滅人性的大惡魔，但她意識到的結果讓她驚恐萬分，因為根本不是她所想的那麼一回事。艾希曼這個人內在是完全空洞的，顯然也正因為

---

12 Elisabeth Young-Bruehl, For Love of the World, New Haven ²2004, S. 30.

13 Zitiert nach Torsten Meyer u. a. (Hrsg.), Kontrolle und Selbstkontrolle, Wiesbaden 2011, S. 24.

這個空洞的內在，才會讓艾希曼作出如此邪惡的行為。正當大多數人不知所措地看著這個罪大惡極的人，無助地想找出為什麼會有人會幹出這樣慘無人道的行為之際，鄂蘭卻認為，艾希曼的邪惡毫無深度可言，不值得浪費時間和精力研究。

鄂蘭仔細觀察艾希曼，最後她認知到，自己必須重新檢視過去對人內在存在的「極端的邪惡」，即惡魔般邪惡的舊有看法。納粹的罪行如此不可思議，不能直接用比殺人惡魔更邪惡一百萬倍來比擬，或許可怕程度不相上下，但兩者截然不同，「在無話可說以及……無法……思考」的情況下，而讓這種事情變成可能。當人自己剝奪自己的思考能力時，其做壞事的能力體現出平庸的邪惡。

鄂蘭說，遇到了極度的邪惡時，我們當然也會嘗試用「一般表達方式來形容人性的邪惡」[14]，但儘管如此，大家心知肚明，「在奧斯威辛集中營（Auschwitz）的每個人都能自己決定要為善或為惡。」[15]艾希曼這種人索性直接關掉思考和行為的能力，讓自己變成沒有真正動機的人，鄂蘭說道。從艾希曼的審判過程看得出來，他根本沒有獨立思考的能力，他可以像個機器人一樣，滔滔不絕地說出道德原則，這也證明了人沒有了思想，再多道德準則也一無用處。艾希曼面對審判時，表示自己不後悔，堅稱一切都是奉命行事，藉此想說他原則上不是一個人。他將所有責任推得一乾二淨，感覺自己與這件事完全無關。

基於這個理由，鄂蘭認為，艾希曼的罪行無法受到處罰，也無從得到原諒，因為根本沒有人可以被原諒。此外，她從艾希曼官僚式的作風判斷，他根本無法區分何為「正確」或「錯誤」，因此以某個意義來看，他並非真的「有罪」。若要判他「有罪」，艾希曼必須徹底了解他所做的行為錯在哪裡，而他真正的罪行在於，他放棄了思考。他不假思索地殺死人，對他來說參與某項運動的歸屬感，比相信某個意識型態要來得重要多了。

許多看過鄂蘭的系列報導的人評斷她「無靈魂」，但她卻發現，自己終於擺脫了阻礙判斷力的情感糾葛。對她來說，這是全新政治道德的開始，但這必須仰賴人類主動思考的能力，因為唯有主動思考者才有判斷力。思考是阻止人類行惡的唯一保障，因此人要有道德責任，用以徹底思考自己的判斷是否正確。但即使是好人，也害怕下錯判斷。他們擔心獨立判斷可能會讓自己驕橫跋扈。但鄂蘭的看法更是一針見血：「你如果……告訴自己：我算老幾，怎麼可以自己做判斷？那你就已經迷失了。」[16]

---

14 Zitiert nach Siegbert Wolf, Hannah Arendt. Einführungen in ihr Werk, Frankfurt a. M. 1991.

15 同上

16 Elisabeth Young-Bruehl, Hannah Arendt. Leben, Werk und Zeit, Frankfurt a. M. 1982, S. 465.

我們在思考或只是做白日夢？

現在有很多人抱怨自己想「太多」，他們這句話的意思是感覺他們的腦袋快要爆炸，因為腦裡有太多的擔心、急事、挫折。越來越多人試著利用減壓和冥想等方法來安撫不安又好動的思考。沒錯，安靜的靈魂聽起來確實是我們希冀的，特別是在生活太緊張、太辛苦的時候。

但鄂蘭想要傳達給我們截然不同的想法，即我們在運用思考上還不夠積極、人類正確思考和行為的能力每下愈況。如果對照鄂蘭的思考模式，就會明白我們大部分人根本不是在主動思考，事實上只是在做白日夢罷了。白日夢有時候或許也能很積極，但如果想要擁有清晰的思維，並在生活中保持清醒和專注力的話，白日夢基本上無價值可言。將思考當作累積所有精神力量的自發性行為，用以多了解自己，這在多數人的生活中很少見。但很有趣的是，目前的專家研究，都十分贊成鄂蘭對人類思考行為的批判。

對於認知偏差的研究結果顯示，人類大腦其實不喜歡思考，大多喜歡保持在省電模式，頭腦只有在別無他法的情況下，才會運作思考，例如工作時遇到棘手的任務，或必須解決重大危機時，在這種情況下，我們的大腦會竭盡所能思考。但每當嚴重程度達到舒緩，也就是大多數情況下，大腦傾向於保持在不活躍的狀態，自動切換到精神自動駕駛模式，這時大腦只剩下聯想和反應的功能。

這樣的機制相當理所當然，因為大腦很清楚，我們永遠不會知道下一次危機何時發生，一旦出現危機，大腦必須極度專注運作。然而在無須保持備戰狀態的情況下，大腦不必這麼緊繃，自動駕駛模式就足夠應付日常生活的大多數情況，例如可以毫無問題地與朋友聊天、看電視或準備晚餐等。認知研究將大腦的自動駕駛模式定義為大腦認知輕量化的趨勢。

如果你心生懷疑，認為認知輕量化是因為大腦太懶惰了，那你說對了。大腦在相當程度上，會傾向於達到一個輕鬆的狀態，就像身體天生喜歡懶散，不是特別喜歡到健身房，練得全身汗水淋漓，如果真有需要，那就小練片刻就好了。如果強迫大腦思考，就好比把身體的肌肉練得太過於緊繃，大腦很快就會找方法讓自己休息或讓想法漫無目的地遊蕩。此外，大腦懶散是它的特權，因為其具有重要的意義，即大腦會將認知輕量化與好心情和愉悅感連結起來。

但其實大腦也會將認知輕量化與「事實」連結，也就是說，這時的大腦會反應出簡單的答案，即正確的答案，以及最快速的判斷，也就是正確的判斷。就像我們在分辨對和錯時，大多情況取決於大腦不想多費力思考的期望，它只想快速了結任務，但不想太辛苦。研究結果顯示，我們經常在大腦的「懶散」模式下判斷事情，因此並沒有完全利用大腦的能力，但大腦的能力足以更深入和更仔細地思考和觀察事物。

但如果把艾希曼當作譬喻的話，恐怕更令人覺得不舒服。雖然艾希曼的情況比我們一般人的錯誤判斷更嚴重、更不可思議，但他是我們的一面鏡子，提醒我們，人一旦關閉思考能力、不思考、不判斷、甚至讓自己的核心判斷被洗腦可能造成的嚴重後果。艾希曼的情況造成了恐怖結果，但如果我們暫時撇開不看他最極端行為，或許我們會得到最誠實的結論：我們內在也存在著不願多思考的那一部分。

鄂蘭令人敬佩之處不在於她想讓我們大家都成為哲學家，而是她試圖告訴我們，人類不想思考的趨勢，會削弱我們的人性以及主動參與世界的能力，甚至在一切順利運作的情況下，將思考視為阻礙或不必要的舉動，這種趨勢還具有危險性。鄂蘭提醒大家，在現今這個社會，人人自稱是獨立自主的人，只有刻意思考才能讓我們獨立思考，亦即人必須克服大腦趨於懶散的傾向。對鄂蘭而言，獨立自主的人是有意識和具備熱情思考的人，而不是大腦運作靈活，只為因應緊急事故或作出草率和膚淺判斷的人。

認知心理學研究領域想要深入研究，大腦在放鬆狀態下會採取它認為正確判斷時的各種類型。這裡所提的「判斷」，當然就是大腦針對需要評估的事物，作出正確或錯誤的選擇。

該研究領域說明，思考最基本的錯誤是自動思考或快速思考，這是導致所有認知錯誤的原因。鄂蘭的主動思考就是以這個基本趨勢為基礎，或許主動思考、刻意思考以及多費點心思的思考可以將認知錯誤最小化，但該怎麼做呢？

人類大腦最頑固的認知錯誤就是相信，認為不斷出現的陳述或經驗一定是事實。而「相信」的源頭其實是可笑的，我們稱之注意力偏誤（Attentional Bias），也就是當人不斷地想起某一個特定想法時，會因而強烈影響到自己的感受。因此患有恐懼症和慢性病痛的病患，會特別注意與他們問題相關的資訊，例如憤怒或痛苦的表情。但我們不僅會讓我們自己重複性的想法欺騙，而對某事深信不疑，就像「真理效應」（又稱戈培爾效應）所指，當人重複聽到或閱讀到某特定資訊，人類大腦會傾向認為這個資訊一定是正確的。一項研究結果顯示，不斷告知受訪者籃球於一九二五年會成為奧林匹克運動會的比賽項目時，他們就會相信這項資訊是真實的。

但最讓鄂蘭憂心的效應是「樂隊花車效應」（Bandwagoneffekt）或從眾效應（Mitläufereffekt）。簡單來說，是指人受到多數人一致性的思想或行動影響，而跟從大眾的思想或行為。越多人從事或相信某件事，就越有可能出現仿效者。他們會採取相同方式，無論他們自己的想法為何或獲得了哪些資訊，會一概漠視或乾脆置之不理。例如，有一群消費者認為某一產品很好，便會形成從眾效應，進而吸引更多消費者，因為在該效應的作用下，其他人也會認為該產品一定很好。選舉行為也是其中一例，選舉時，很多人會把票投給他們認為獲勝機率較高的黨或候選人，並不是因為認同他們的政見內容，而是媒體灌輸的影響力。

為什麼會這樣？重要的原因之一是我們的自動思考，這時恍惚的大腦容易被重複資訊麻痺。我們如果能明白，自身判斷力容易被重複資訊影響，不管資訊是對是錯，就能了解那是很明確的警示，它告訴我們，完全順從大腦的自動思考系統有多危險！不僅是鄂蘭所提的「平庸的邪惡」，「平庸的善」也是如此。

因為甚至我們自己的道德，即一般人眼裡視為「良善」的價值和行為道德，也能輕易地淪為純粹懶惰的習慣。「做好事」的人不一定就是常思考的人。因此或許就連像是「愛鄰人」這種高貴原則，也可能不符合鄂蘭所要求的清醒精神狀態。在這種情況下，意識型態的好壞其實並無太大差異，兩者都讓思考麻痺，讓自己放棄思考，把責任往外推。

當人接受特定意識型態、特定道德原則時，他會從中得出一個觀點，例如，傾左或傾右的政治取向，也會伴隨著某種自我意識，即我們知道自己的立場，那當然一定是「好的」，而我們拒絕的，當然就是「壞的」。其缺點是，我們無法再考慮到新的政治情況或複雜情況。簡單地說，我們會停止思考，是因為我們認為這件事情已經思考完畢，於是盲目地遵循自己的意識型態。有趣的是，鄂蘭拒絕意識型態，當她拒絕表態自己是保守還是自由派時，讓她的許多學生大失所望。此外，她也不希望以老師的身份影響他人或告訴他們，他們該如何思考和行為。她認為「規定容易造成人們放棄思考」。[17]

光是擺脫意識型態當然還不夠，很多人這麼做，但還差主動思考一大截。鄂蘭告訴我們，當我們拋掉意識型態和外在道德觀念時，同時必須承擔很大的責任，因為從拋棄的那一刻起，我們必須自己決定什麼是正確行為。也就是說，我們必須訓練自己的專注力，因為我們已經失去了可依靠的固定立場。我們必須不時質疑自己的自動思考和道德習慣，檢視自己的過去，並從中找出重要、但有時也頗具挑釁的問題。

以下思考實驗是練習主動思考的好方法：想像每個人的人生就像一個人在治理一個小國家，每個人所做的每個選擇和決定，都是他認為這整個世界應該選擇和決定的方式。你個人的人生，就是所有人應遵循的行為和態度準則，在你的人生中，有很多的責任，如果你知

---

[17] Dana R. Villa/ Joke H. Hermsen (Hrsg.), The Judge and the Spectator. Hannah Arendt's Political Philosophy, Leuven 1999, S. 9.

道，有超過七十億人會仿效你的作法，那你會怎麼做？想像你人生的每個面向都被這巨大的責任淹沒，這個思考實驗可以幫助你了解何謂全球化責任，鄂蘭期許人類都能思考這個問題，讓它成為我們的第二個天性。

對世界的愛

「我實在太晚開始真正去愛這個世界了，好幾年前就該這麼做了」，鄂蘭在寫給老師卡爾．雅斯佩斯的信中這麼寫道。「基於感激，我將我那本有關政治理論的書命名為《愛世界》（Amor Mundi）。」雖然這本書最後取名為《思想的行動》（Vita activa），但鄂蘭表達了她希望用對世界的愛，來取代哲學傳統上對塵世的輕蔑（Contemptus Mundi），「對世界的愛」是她主動思考更深層的動力。和反求諸己和深陷在自我的哲學家不同之處在於，她的思考絕不脫離世界，永遠面向著世界，因為世界「在人之間才能形成其多樣性」。[18]在渴求集體精神的驅動下，該思考模式的條件只是人類網路其中一部份。鄂蘭的思考從來就不是獨腳戲，其本質強調對話和互動關係，因為她認為生命發生在人際之間。

鄂蘭明白，偉大的思想家鮮少對人際關係感興趣，但基於她特殊的思考模式，她深信真理只存在於人透過對話變得有人性之時。所以她非常熱中於人民議會共和國的想法，對她而言，這是唯一能真正阻止極權主義的政治型態，也就是由人民聚會，共同決議行為的政府。她的希望不是以理論和概念為基礎，不與人民隔離，而是立基於「不穩定又殘弱、但卻能在她生命和作品之中……點燃一些人希望的燭光之上」。

鄂蘭「深情」的思考在主動思考中表露無疑，在這種思考模式下，她感覺自己必須接受世界，而非逃避。正當很多人利用她的思想，當作內在的避難所，以逃避這世界的殘忍和失望之際，她把她的思考空間用來表達，她在積極精神生活中對世界的愛。以哲學的角度來看，她想要讓大家知道這是一種能從世界退回「思考空間」，但卻不漠視或不忽視世界的思考模式。這正是她最後一本著作的核心，但她始終沒能完成它：《精神生活》（*Vom Leben des Geistes*）。

這本書的內容著實讓許多讀者驚訝不已，因為她突然遠離政治領域，又重新踏入了哲學的世界。她的人生就像在此處到達終點的圓圈，一開始她離開哲學，轉而接受政治思想，然後又重新回到哲學的靜觀。僅從表面上來看，會覺得她的方向轉變令人驚訝，但其實鄂蘭只

---

18 Elisabeth Young-Bruehl, Hannah Arendt. Leben, Werk und Zeit, Frankfurt a. M. ^{3}2013, S. 151.

是做了一個將政治內化的重大嘗試，她同時將世界劃分為三個精神系統，即思考、判斷和期望。她想藉此說明，一個有責任意識的政府該如何以自身精神進行領導，像是這三個領域該賦予政府的那些權力。她解釋道，不該有任一領域凌駕另一領域，每個領域都應該有其自由度，而要達到這樣的精神和諧，先決條件就是每個人內在的自由，即便在每個人的「內在國度」裡，也不該阻止或漠視任何聲音。因此，她建議思考和期望之間應該簽訂和平協議，好平息長久以來的歷史和哲學戰爭，因為人總是被迫在兩者之間擇一。「與自己在一起」是人變成複數的另一種形式，而內在和諧是「愛世界」的另一種形式。

鄂蘭終於在其最後一本著作中公開自己的思考模式，這種專注於人事物之世界裡的思考模式，不是為了避免衝突或深陷在自省和內觀當中，而是為了追求能夠講述一個有意義故事的意義。即便是壞人，他透過追求行為的意義之方式，就能得到行使判斷力的特權，而思考的角色在於，建立良好判斷力的基礎，它讓我們隨時處於就緒的狀態，能夠處之泰然地迎接我們每天將面對的一切。透過思考，我們自己的想法和偏見無所遁形，再透過思考擺脫它們，直到人清空了一切，不再受到既有系統的牽制，便能自由地接觸事物本身。真正思考的結果是獨立判斷力，是理智原始的政治活動。但若要發展出良好的判斷力，人不能遠離現實。去面對真實、具體的世界是一種道德責任，甚至可以說，那是一種基於愛的行為。

如果我們學會主動思考，會為人生帶來什麼結果？可能會為大家帶來意想不到的收穫。人類的思想是一項珍貴資源，但人常在精神上與世界為敵，不拿出創意的精神與事物合作，因而白白浪費了這份珍貴資源。我們常讓思考漂泊不定，變成逃避世界的工具，或者我們積極地思考，只為了隱藏它周遭發生的一切。如果在艱難時刻，我們不浪費這份珍貴資源，而是把它當作有建設性的工具使用，讓我們的行為更有創意和責任感，會出現什麼樣的結果？例如，當工作出現問題，我們不是滿懷挫折、被動地靜靜躲著咒罵這一切，而是對自己提出這個問題：「我該怎麼做，才能改善我的工作條件？」

想像一下，你的思考像個主動的合作伙伴，全神貫注地面對你眼前的情況，或許這就能引導出真正的行動，而不是像平常一樣的自動反應。

第八章

查爾斯・達爾文（Charles Darwin）

動態思考，或有如成千上萬個木塊的力量

研究達爾文的思想時，我們找到令人震驚的發現，不得不暫停手邊的研究。我們試著將思想拉回到進化論和物競天擇尚未在人類意識中變成理所當然的事實以前。但辦不到，剎那間，我們頓時明白達爾文的想法，已理所當然地屬於現實生活的一部份。他對物種如何形成的解釋，沒錯，就是我們人類的形成，已經根深蒂固地烙印在我們腦裡，我們無法再對大自然有其他的想法。你也可以自己試著思考，為什麼袋鼠的肚子有個育兒袋，或人類和黑猩猩這麼相像？思考這些問題時，試著不去想進化論，是很困難的吧！（除非你是個創作者，但如果是這樣，我想你也沒興趣閱讀這個章節。）

而這正是達爾文想法的特殊之處，它至少已經以原則的形式，變成了一種真正的文化知識。愛因斯坦的相對論還不至於此，原因之一在於，達爾文盡量以淺顯易懂的語言闡述其理論，直至今日，達爾文最重要的著作《物種起源》（*On the Origin of Species*）[1]，是少數一般民眾也會閱讀的專業書籍之一，但這也是因為達爾文這本書的主題，是與我們切身相關的人類存在起源。

更令人訝異的是，達爾文的進化論發表至今還不到一百六十年，沒有這套理論，我們幾乎無法想像我們身處的這個世界。一八五九年十一月達爾文發表了《物種起源》，在這之前，主流的說法是「物種不變說」，就連科學家也對此深信不疑，認為上帝創造了人和萬物。達爾文的著作打破了這個世界既有想法。

大家可能會以為，提出這項理論的人一定是個膽大不羈、不關心他人看法、離經叛道的叛逆者，但事實上正好相法。這是歷史和達爾文人生的一大諷刺，因為提出這項前所未有、最具革命性想法的人，竟然是最希望社會避免出現任何型態刺激的人。他來自一個優秀的家族，才能受到各方矚目，他生性保守，喜歡規律，討厭刺激和重大社會事件。

他和虔誠的妻子關係密切，他知道，她不大喜歡聽他談起無神存在的大自然機制，更別提那些深信造物主的當代生物學家，畢竟歐洲當時的情勢太不穩定，他也不想再製造更多的混亂。不僅達爾文有這樣的想法，許多當代人也是如此，因為極端的政治情勢喚起人們對穩定性、緊握保守價值的渴求。工業革命造成勞力過剩，社會瀰漫著一股不安的氣息。社會菁英對於這種可能會引燃顛覆氣氛的新想法，抱持著嚴重懷疑的態度。但達爾文進化論可說是真正的火藥桶，它不僅質疑傳統的看法，更徹底顛覆了人們對於萬物自然秩序以及人類角色的觀點。

[1] Der vollständige Titel der Erstausgabe lautete: *On the Origin of Species by Means of Natural Selection, or the Preservation of Favoured Races in the Struggle for Life.*

達爾文當然非常明白這一點，這也讓他時常出現劇烈腹痛。大約在他剛開始研究並開始記錄物種演化的同一時期，他罹患了一種怪病，這怪病據說伴隨著他直到去世都沒醫好，由於罹患這怪病，他不時感到身體不適，他甚至在書房裡設了一個密室，讓他隨時感到不適時嘔吐。或許是因為他內在孕育的思想，與他本身個性和他對外呈現的形象不合。達爾文擁有一個迫切、且具革命性的靈魂，但身體卻被禁錮在一個保守的個性裡，走進達爾文家裡，你會看到一個在花園裡栽種玫瑰和畜養鴿子，彬彬有禮的英國紳士，萬萬也不會想到，這溫文儒雅的動作背後，隱藏著一份破壞力和爆發力十足的顛覆性思想。這男人不是在花園裡從事休閒活動，而是仔細觀察他栽種的花和畜養的動物，探究它們最深處的自然機制。

小獵犬號之旅回航後不久，他的理論就已經有了基本架構，他知道物種會變化，萬物和人不是神創造的，也不是祂將萬物親手放置在地球上的，但距離他最終發表理論，還有很長的一段時間。從他開始記錄到進化論成形並發表《物種起源》之間長達二十年的間隔，讓許多後期研究學者驚訝地將這段間隔載入歷史中，並稱之為「達爾文失落的二十年」，看來達爾文似乎也陷入與自己的激烈掙扎之中，要是這段期間再出現任何阻止他發表的狀況，那他的理論恐怕要等到他去世，後人集結和彙整他的筆記時才能看到。但生命最終還是督促著他必須往前邁進，迫使他發表想法，勇敢地站在世界的舞台，一個自此即將完全改觀的世界上。當時這個決定對這位大自然研究學者而言，想必相當不容易，但最後他終於苦盡甘來，我們甚至可以這麼說，達爾文在大自然中認知到每天都在上演物競天擇的戰爭，即反抗力量不斷破壞再創造的搏鬥，而這也在達爾文的內在如實上演著。

一窺面紗後的真面目

一八三六年秋天，達爾文從小獵犬號之旅歸來後，立即趕回家，當時全家人都還在睡夢當中，他沒吵醒家人，直接上床睡覺。隔天清晨，當全家人吃早餐時，達爾文在餐桌旁現身，給五年不見的親友們來個大驚喜。達爾文的父親從震驚之中回過神後，從頭到腳打量了兒子一番，驚訝地發現：「咦……他的頭型好像不一樣了。」[2]

但這不可能發生，達爾文出遊時已經二十二歲，頭形早已定型。不過達爾文父親的說法也沒錯，因為即便達爾文的頭型沒變，但頭腦裡的內容肯定是截然不同了。對於達爾文這種

---

[2] David Quammen, The Reluctant Mr. Darwin. An Intimate Portrait of Charles Darwin and the Making of His Theory of Evolution (Great Discoveries), New York 2006, S. 20.

對學校課程興趣平平的人而言，就像他後來在自傳中所述，「反正對我的腦力發展不會再有更壞的影響了」[3]，小獵犬號之旅是他此生面臨到第一個真正的精神挑戰。

這次的考察之旅是由英國海軍委託進行的，目的是前往南美洲海岸考察。達爾文是年輕船長羅伯特．菲茨羅伊（Robert FitzRoy）的隨行夥伴，況且考察船上多了一個自然研究學者，也能為這次的考察之旅增色不少。雖然達爾文此行從頭到尾嚴重暈船，但只要剛吃進肚子裡的餅乾和葡萄乾沒吐出來，他的心情就雀躍不已。這位年輕的英國人放眼望見的異國情調，和色彩繽紛的罕見動物，讓他欣喜若狂，如同置身於「沈醉的喜悅當中」。[4]但這股如癡如幻的氛圍並未蒙蔽其研究精神，理智發揮了最大的運作能力。他沈醉在觀察大自然、蒐集資料和樣本，以及解剖受困動物的世界裡，並樂在其中。為什麼只有澳洲有袋鼠，其他地方沒有呢？許多禽類不會飛，但它們身上為什麼還有殘餘的羽翼？為什麼聖地牙哥小島大約在高於海平面上三十公尺處的岩石上會有白色蚌殼，且呈平行帶狀排列？顯然地，這些岩石過去一定是在海底下，難道這表示地球的狀態並非靜止，而是一直在變動嗎？

一八三五年，小獵犬號之旅出航三年半以後，達文西一行人來到太平洋的加拉巴哥群島（Galapagos Islands），這是個火山群島，地點非常偏遠，距離其他大陸約一千公里。這群島乍看之下是不毛之地，「在正午炎熱的太陽下，乾燥和龜裂的地面，空氣沈重又悶熱，就像烤箱一般，感覺那茂密的灌木叢也快燒焦了」[5]他寫道。雖然天氣酷熱難擋，但他還是在小島上待了五星期，每天興奮地蒐集禽類、昆蟲和蜥蜴，並將它們當作收藏品，帶到小獵犬號上。在小島上時，他喜歡捉弄當地的巨龜，或爬到它們的背上，讓巨龜馱著，雖然他很快就會從龜殼上滑落下來，但這也讓他感到很有趣。島上居民教他從龜甲的形狀識別它們源自於哪個小島，達爾文將這些知識牢記在心。但這裡不只烏龜特別，在他周圍跳躍和飛翔的鳥類也有奇特之處。為什麼他在聖克里斯托瓦爾（San Cristóbal）島上看到的小嘲鶇長得和鄰島弗雷里安納（Floreana）島上的不一樣？聖克里斯托瓦爾島上的小嘲鶇胸前是深色羽毛，翅膀上有白色條紋，鳥喙也比較長。他開始思考這些不同品種的小嘲鶇很可能源自於同個祖先，而會有不同的種類，並不是造物神的干預，而只是純粹的偶然。「雖然為了這個發現，我們只能提供小小的基礎，但很值得在群島上進行一番動物學研究。這些事實逐漸瓦解物種

[3] The Autobiography of Charles Darwin. From the Life and Letters of Charles Darwin edited by his son Francis Darwin, http://www.gutenberg.org/files/2010/2010-h/2010-h.htm (letzter Zugriff 15. 6. 2015).

[4] Heike Le Ker, Darwins Selektionstheorie. Der zaudernde Evoluzzer, http://www.spiegel.de/wissenschaft/mensch/darwins-selektionstheorie-der-zaudernde-evoluzzer-a-601 504.html (letzter Zugriff 14. 6. 2015).

[5] Charles Darwin: The Origin of Species and The Voyage of the Beagle, New York u. a. 2003, S. 385.

不變的理論」[6]，達爾文默默地記下筆記。

要知道，這是一個非常離譜的說法，在達爾文的時代，生物學還不是一個普世接受的原則，許多自然觀察者都是教徒，他們總試圖在大自然中找尋和發現造物主的蹤跡。當代英國學者和哲學家都認為，世界上萬事萬物都是神創造的，每個物種都是神親手將它們定位在地球某個位置上，但為什麼要把那個物種放在那個位置，只有萬能的神知道。「在某個意義上來說，科學就是宗教」[7]。這種觀點是為「自然神學」，這方面最著名的著作，是佩利（William Paley）的《自然神學》（*Natural Theology*）。作者在該書中陳述了一個至今仍非常有名的想法，即將神比擬為「鐘錶匠」。其背後的思想十分簡單，「每個設計必定有一個設計者，每位設計者都是人，而人的設計者是萬能的神」，佩利寫道。[8]設計者當然會創造出完成品，作品不會再繼續變化。貓、雞或花朵的後代可能會和其父母有些許差異，但不會產生徹底變化。「物種在天性上已實際存在，不是從一個物種轉化到另一個物種的過渡」，英國哲學家暨科學史學家威廉．惠威爾（William Whewell）信心滿滿地如此寫道。如果達爾文懷疑物種不變的理論，那他不僅質疑了神，也質疑了當代自然科學的基礎。

達爾文回到英國時，總共帶回一千五百二十九個以酒精保存的動物標本、三千九百〇七張動物外皮、骨骸和乾燥的樣本，以及記載了地理和動物觀察資料的兩千頁筆記本等，現在就看他可以從這些帶回來的骨骸、鳥喙和動物爪等標本上學習到什麼。在其他科學家協助下，他慢慢整理這些收藏品，他和鳥類學家約翰・古爾德（John Gould）討論他從加拉巴哥群島帶回來的鳥類標本。他們的研究結果發現，不僅是不同種類小嘲鶇在群島上的分佈很奇怪，燕雀的分佈也引人注目。在事先不知情的情況下，達爾文帶回了十四種不同的燕雀品種，和小嘲鶇一樣，不同品種的燕雀在外觀上也稍有差異，主要在於鳥喙。達爾文不禁思考，以自然神學的解釋來看，也太過荒謬了吧。

為什麼造物主只讓種類相近的鳥類品種分佈在緊鄰群島上？為什麼要費心變化十幾種不同的鳥喙？萬能的神造物時這麼講究？達爾文認為，任何人來想，都會覺得這很矛盾，於是他開始研究這些鳥類和其他同種鳥類在生活空間之間的連結。會不會是因為鳥類根據其所在島嶼食物條件所衍生的調整？例如短鳥喙的鳥必須啄破水果果實，而長鳥喙的鳥則必須將長喙深入枯枝樹皮裡，尋找昆蟲的幼蟲。

---

6 Darwin Correspondence Project. The correspondence of Charles Darwin, Volume 1: 1821 – 1836, https://www.darwinproject.ac.uk/correspondence-volume-1 (letzter Zugriff 10. 6. 2015).

7 Eve-Marie Engels, Charles Darwin, München 2007, S. 54.

8 同上 – Diese Idee hat übrigens bis heute viele Anhänger, man nennt das Prinzip »Intelligent Design«.

達爾文越深入研究從小獵犬號之旅帶回來的標本和資料，並請學者幫忙進行鑑定，就越能證實他的想法是正確的，物種在地球上的分佈並非偶然形成，其具有內在的邏輯，即生物與地理環境之間的相互作用。物種相近的生物分佈在生活條件不同、但地理條件彼此相近的環境，如加拉巴哥群島上的小嘲鶇和燕雀、非洲的斑馬或達爾文在南美洲挖出已滅種的巨型樹獺，而他在該區域則看到許多小型樹獺出沒。但達爾文也在相距遙遠、但類似生活空間裡發現許多截然不同的物種，例如他在歐洲的大沼澤地區發現麝鼠和海狸，在南美洲的大沼澤地區則發現水豚和海狸鼠，澳洲則有袋鼠，是全世界絕無僅有的。達爾文幾十年後寫道，「顯然地，這些以及更多的其他事實說明了，物種逐漸在改變，這個議題一直在我腦海裡盤旋。」

達爾文雖然是個非常精準，甚至是過於認真的觀察者，但這不能解釋為何他會有這樣的發現，其他人的雙眼也看到了相同事實，卻沒有推論出相同結論。然而達爾文的觀察與他人有個關鍵性差異，即他的思考模式是動態的，他看到動作和變化。對他來說，大自然顯然是極度易變的，而自然神學死板的概念根本掌握不住這種多樣性，可能得用暴力硬塞，才能塞進那種刻板思考模式之中。

達爾文根本也不想硬塞，他採取比較輕鬆的作法，也就是觀察大自然時，讓自己的思考隨著大自然變化，因此他會去思考「大自然變化的驅動力為何？」的問題，同時期大多數人則受限於靜態的思考模式上。對他們而言，大自然是固定的，沒有任何改變空間。當時，這樣的想法根本不足為奇，因為他們的思考模式符合同樣死板的信仰系統，深信上帝創造了他們的世界，這是永恆且不變的真理，而且祂所創造的萬物都是不會變動。在這樣的思維模式下，達爾文在物種與其環境之間看到的動態關係是不存在的，萬物都固定在他們原有位置上，過去如此，未來也是如此。沒有連結和相互作用，只有固定不變的事實。當巨型樹獺的骨骸出土時，他們只會認為這種動物曾經存在過，但現在滅種了，他們不認為現在活在附近區域的小型樹獺，是後續演化的品種。如果有人畜養鴿子，發現每一代的鴿子長得都有些不一樣，他們也不覺得那是演化，只認為它們與原始、不可改變的型態有些許差異罷了。

我們可以把達爾文和同時期其他人的思維方式，比擬成立體視覺的大自然記錄片和微微顫抖的定格圖片，其他人看到的是活潑、色彩繽紛以及活力十足的大自然畫面，但卻只是連續動作之中的一小部分。道理很簡單，普通思維方式不喜歡變化，因此會直接忽略掉變化，該思考模式的活動空間也因此嚴重受限，它或許能提供小創意或理論，但不會對已存在者提出質疑，因此也絕不會追問某些現象的成因，於是每當既定事實快要搖搖欲墜時，他們的思考便會停止。

反之，達爾文會對事實緊追不捨，他看到植物和動物世界裡，相同品種之間存在著許多差異，他並不把這樣的事實推到一旁，當作干擾因素，而是認為這些變化在大自然中必定扮演核心的角色。他蒐集的材料越多，就越確定大自然中根本沒有永恆的不變。達爾文在「C」筆記中興奮地寫道，我們如果能夠接受物種可能會變化的假設，「就能掀開面紗！」[9]這塊面紗就是大家認為地球萬物不變的傳統看法。那是聖經創世紀的故事，它神在地球上造物時，將物種以其最終形式創造出來。

大自然的配方

一八四六年十月初，達爾文從小獵犬號之旅帶回來的數千項寶藏中還剩下最後一箱未開封，裡頭裝著蔓腳亞綱類動物。這種奇特的動物生活在水裡，盤踞在礁石、鯨魚身上或船身上，這是達爾文在智利海邊收集到的。在過了將近十年後，他打開這一箱，原本只想寫一篇有關這類動物的文章，沒想到這一寫就是八年，書桌旁放了好幾份用酒精浸泡的這類動物標本，他還用顯微鏡觀察蔓腳亞綱內部，有些蔓腳亞綱大小還不及大頭針的針頭。但讓他陷入思考的是，這些依品種而異，有些像貝殼類，有些像蝸牛類的生物實在很難分類，因為這種體型超小的動物差異性相當大。例如它們有些是雌雄同體，有些是單一性別，但有些又介於兩者之間。每當他在顯微鏡下解剖這種生物，驚訝不已地觀察解剖成果時，他總是納悶，這種生物的亞種在哪裡結束，新品種又從哪裡開始呢？他才發現，大自然的變化比他想像的還要更加無窮無盡。在這之前，達爾文以為野生物種的變形一定比家畜來得稀少，但蔓腳亞綱類動物的研究證實了剛好相反。

而正是這種多變性讓他在進行系統化分類時大傷腦筋，研究人員過去的分類都頗不如人意，達爾文想要改變這個情況。其實他對於當時的生物分類系統非常不滿，因為這些系統雖然有脈絡可尋，但卻無人探究「我們在進行大自然分類時究竟想要追求什麼」的問題。有些人以動物的外觀特徵分類，有些人則以其內在結構分類，但這對達爾文而言都不夠。動態思考不僅追求事實，還重視過程和過程的基礎，他不只想知道同一種類生物彼此之間的連結為何，也想了解「為什麼」會有這種連結。但其他人不會提出「為什麼」的問題，因為他們只作靜態思考，且認定最終的答案已經很清楚了，就是神的旨意。他們不去探究原因，而只是

[9] Darwin Correspondence Project. The correspondence of Charles Darwin, Volume 2: 1837 – 1843, https://www.darwinproject.ac.uk/correspondence-volume-2 (letzter Zugriff 16. 6. 2015).

像達爾文所批判地，努力去「發掘出造物主歸類生物的法則」。[10]但那對達爾文而言，不過是「空洞又浮誇的文字」。

對於物種分類，他當然有自己的想法，這趟小獵犬號之旅讓他了解，物種之間幾乎處處都有關連性，其他研究學者也發現了一些蛛絲馬跡，例如自然研究家理查・歐文（Richard Owen）發現爬行動物和鳥類骨骸之間有相似之處，但他未從中認知到達爾文即將發現，且讓他無比激動的成果，即大自然不斷重複使用特定的建構計劃，且勢必存在著更深層的原因。達爾文和其他大多數研究學者不同之處在於，他已經接受了物種演化是個事實，且演化發生之處，必定也有其來由。當他觀察這些建構計劃之間的相似性時，達爾文明白了，那就是演化的由來。「我們在這些事實中發現一種經過空間和時間遺留下來的生物體連結」[11]，他寫道。

大約在開始研究蔓腳亞綱類動物的十年前，達爾文在「B」筆記裡手繪了一張圖，在「I think」這個暫訂標題下方，畫了一棵沒有樹葉的樹，類似分支圖。他在每個樹枝末端寫了一個字母，代表某個特定的動物種類，最後形成一張圖，圖上的每種動物、植物、每一種青蛙、蜜蜂和每一種灌木都源自於同一個、也是唯一的樹幹。這個共同的原始樹幹，演化出大自然中眾多不同的形體，因此在分類物種時，不能僅著重於其外觀或內在特徵，而是要發掘其共同根源，這時便可以運用胚胎學的理論。達爾文相信，「原則上，從胚胎結構可或多或少看到，古老且尚未進化的原始形狀結構」[12]。在早期演化階段，蜥蜴和哺乳動物、鳥類和人類的足部，大抵上都是一樣的基本形狀，成年的飛蛾和蒼蠅外觀差異很大，但他們的蛹卻十分相似。蔓腳亞綱類動物的幼蟲，也和鹽水蝦的幼蟲相似度極高，因此，達爾文將蔓腳亞綱類動物歸類為甲殼綱動物下的亞剛。相較於當代其他研究學者，達爾文將動物世界系統化的方式顯然更深層，原因很簡單，其他研究學者採用的系統只能反應靜態事實，但達爾文的系統是依照動態原則運作的。

研究了蔓腳亞綱類動物之後，達爾文想要畜養鴿子。有些人可能會覺得詫異，因為這個舉動似乎不大符合他這個社會階級的形象。但達爾文積極地與兩個養鴿協會聯絡，開始畜養很多鴿子，又讓鴿子交配繁殖後代，一直到他家變成了名副其實的鴿舍為止。他有個計劃，基本上他認為，他在大自然中發現的因果關係相當簡單，即生物繼續繁殖後，會改變他們的

---

10 Quammen 2006, S. 103.

11 同上，S. 193.

12 Charles Darwin, Über die Entstehung der Arten, 14. Kapitel: Gegenseitige Verwandtschaft organischer Wesen; Morphologie; Embryologie; Rudimentäre Organe, http://www.textlog.de/25 167.html (letzter Zugriff 14. 6. 2015).

特徵，變形後的特色會遺傳，於是物種的差異會逐漸變大。他知道物種在演化過程中有何改變，但還沒找到如何演化的證據，但其實「如何」演進的想法和他其他理論，早在他年輕時就已經形成，當時達爾文在探究物種變化的驅動力，他隱約知道大自然中必定存在某種淘汰方式，能讓特定特徵繼續遺傳下去，其他特徵則否，但他並不了解其中運作的原理。正當他百思不得其解之際，他取得了英國經濟科學家暨社會哲學家托馬斯・羅伯特・馬爾薩斯（Thomas Robert Malthus）所寫的《人口學原理》（*Essay über die Bevölkerung*），馬爾薩斯在該書中提到人口遽增，造成糧食不足的問題，於是乎世界上不時充斥著飢餓、疾病和排擠競爭。這篇文章讓達爾文的腦袋陷入動盪，因為在此之前，他以為人口只會成長到糧食資源正好可以應付的程度，之後就會逐漸趨於穩定，現在他有預感，其實馬爾薩斯對真相渾然不知，因此達爾文寫下一個更具深層意義的大自然法則，這個法則不僅將影響人類，也將涉及萬物。達爾文從自己的觀察中得知，動物繁衍的後代數，會超過環境能供應的食物量以及自身未來能夠繁衍的數量。

因此一定要有能夠阻止世界人口，與物種數量氾濫現象的控制機制，一種類似自然淘汰的機制，以決定哪些後代可以留下來，哪些則逐漸滅亡。讀完馬爾薩斯的文章後，突然所有的謎團全解開了，也就是大自然利用短缺的糧食、肉食猛獸和不斷變化的環境條件不斷對生物施壓，這是一種迫使生物調整和適應的壓力。生物進化的條件在於，最能適應大自然的生物才能倖存和繁殖，大自然的物競天擇，就是進化的引擎。馴化的動物和植物即為明證，例如鴿子。畜養者挑選出最適合其畜養目的的動物，然後讓它們繁殖，畜養者透過人工擇選的方式，可有目的地培育出具有特定特徵的動物後代；在野生環境中，大自然則扮演畜養者的角色，挑選出最好的品種，例如最容易餵飽肚子，或最不容易被肉食猛獸抓到的動物。達爾文之所以要畜養信鴿、巨型鴿子和海鷗，當然不是為了培養休閒時的業餘嗜好，他想要印證自己發現的規則，進而支持其論點，即大自然自有其內在的發展邏輯，造物者設計師的理論根本就不存在。

達爾文再次說明何謂動態思考，也就是正當別人對大自然的看法，還流於天真的宗教理論，認為鳥歌高鳴、花兒綻放，都是為了讚揚其創物主時，達爾文看見最美麗的花朵，展現了它們最適應環境的形式。物種在共同進化的動態中持續演化，例如有一朵花的形狀非常特殊，那麼大自然中勢必有一種動物或昆蟲，其身體結構正好和這朵花的形狀相符合，以利於某種運動的進行。這是大自然中少數型態，自然地透過壓力和摩擦擠壓出多樣性所形成的結果，也就是我們看到的那片，豐富又生生不息的大自然。「大自然就像一個表面，上頭鋪滿了成千上萬個尖銳又彼此緊鄰依靠的木塊，木塊在不斷地敲打後逐漸往內縮」，達爾文寫道。[13]大自然不是「平靜的」，而是沸騰的大鍋子，不斷地煮出變化。

不變的就是變化

這裡有個問題要問各位，請盡量誠實回答（別擔心，各位的答案不會外傳）：你喜歡變化嗎？

如果你的答案是「不喜歡」，相信我，選擇這個答案的人不在少數，畢竟大多數人無法承受變化。如果它們的存在並非完全無法忍受，那麼現狀永遠比事物以不可預知的方式變化來得更吸引人。

但如果你的答案是「喜歡」，那你應該是少數有彈性、勇敢且適應力強的人，或者你根本就是說謊。但我們可以理解，無論是人際關係（寶貝，我想要試試有別於一夫一妻的關係模式）、溝通（我已經換上手術服，但我可以快速地再回幾封電子郵件）或是工作上（您可以從下週起到開普敦工作嗎？），其實我們都生活在一個強調彈性作風的時代。有鑑於這些或類似的要求，有時候我們或許根本沒勇氣承認，自己真的只是想要穩定的生活。

但這種期望其實非常符合人性，且有時深藏於我們內心深處，甚至不論是工作還是人際關係，都讓人寧可保持在令人不悅的情況下，也不願意有所改變。即便在面臨危及生命的情況下，人們也傾向於排斥變化，就算明知會出現不利的後果亦然。研究結果顯示，大部分開過重大心臟手術的病患，除非明確告知他們不改變生活方式就會死，否則他們不會願意改變既有的生活方式。這問題在經濟領域中也十分常見，企業領導人面臨的最大困難之一就是，即便員工明知這樣的改變，或許能改善他們的工作條件，他們還是會排斥新的變革和工作方式。

其中一個原因在於，我們的基因裡早已預設了穩定程式。我們的系統已設定為停留在平衡狀態或返回該狀態，這種特性稱之「體內平衡」或「恆定狀態」，適用於人的身體機能，但也適用於人的心理狀態。就像身體會維持鈣和血糖的穩定，我們的大腦也習慣讓精神處於「一般狀態」，它喜歡結構化和規律的運作，並堅持秉持此項原則。它會堅決抵抗變化，特別是突發狀態，雖然大腦會因應新的條件調適（甚至也很拿手！），但原則上它喜歡維持現狀。

---

13 Charles Darwin, Über das Variieren organischer Wesen im Naturzustande; über die natürlichen Mittel der Zuchtwahl; über den Vergleich zwischen domestizierten Rassen und echten Arten, http://www.textlog.de/23 081.html (letzter Zugriff 29. 6. 2015).

但這裡有個根本上的誤解，即對身體而言，恆定狀態攸關生命，但身體可以承受合理範圍內的變化，超過範圍就會有生命危險，例如發燒的時候，體溫只能上升到某個程度，因此，身體排斥變化有其道理。但心理層面上就不同了，心理維持在現狀，時常會對變化和發展產生不必要的排斥，其實這時候，我們應該多一點彈性，因為心理如果太執著於恆定狀態，就會造成精神停滯。

這就是靜態思考的錯誤，這種思維方式認定，生活上的變動是例外，正常情況是安靜的，因此它會一直趨於達到平衡狀態或返回該狀態。這會造成我們不喜歡改變或改變速度緩慢，大多數人甚至追求永恆不變的元素，這個「元素」可能是上帝、婚姻或某種特定意識型態，不一定是神學家或教徒才會有這種思維方式，這其實是人類典型的心理傾向。靜態思考傾向於將發展視為例外，將固定結構視為標準狀態，變化有危險性，因為結果是未知的。無獨有偶地，在人際關係中我們常聽見一方對另一方最嚴重的指控就是：「你變了。」

再深入一想，這個指控其實很荒謬，因為我們都明白，生命中沒有所謂的一成不變，反之，如同達爾文所知，生命就是變化和發展，就是不斷地變化。就像美國作家艾莉森・邦德・夏皮羅（Alison Bond Shapiro）在《今日心理》（*Psychology Today*）雜誌的專欄上寫道：「我和許多人一樣，在追求恆定狀態之中，我以為自己的生命不會變化或只會緩慢變化，我以為它是穩定的，但中風一頭棒喝地敲醒我，其實穩定是一種假象。如果我們漠視變化的存在，或許能暫時覺得穩定，但那只是一種假象。」夏皮羅寫道，即便是我們的身體，也在其容許範圍內不停地在改變：「我們的身體不斷地變化，生長、萎縮，發展恆定狀態的新極限，適應新的資訊。無論我們看不看得見身體的變化，這些變化過程每個瞬間一直都在發生。」[14]

即便這時候，你或許正坐在沙發上閱讀這本書，但你身體裡或周遭正在進行著無數動態的程序，可是你完全沒感覺。我們或許不能像蔓腳亞綱類動物那樣迅速地變化，但我們也不是靜態的生物，只要是生物，就不會有靜止的狀態。想想看電視連續劇上，常見病床上躺著臨死病人的場景。心電圖上的線條一上一下起伏著，代表著心跳的脈動，但不一會突然間變成一條平直的線條。電視上時常使用這個畫面增加戲劇張力不是沒有道理的，因為我們都知道，「動」就代表「生命」。

雖然追求精神和心靈的平衡十分重要，但我們不能誤以為，只有平和的狀態才會達到心

---

14 Alison Bonds Shapiro, Getting out of the Way. The Balance between Homeostasis and Growth, https://www.psychologytoday.com/blog/healing-possibility/201 103/getting-out-the-way-the-balance-between-homeostasis-and-growth (letzter Zugriff 16. 6. 2015).

靈平衡，否則這種信念越深，就越會被忙碌的世界，和擾人的資訊所影響。於是我們典型的反應就是，規劃好一切，盡可能排除所有突發狀況，讓自己生活中的變化達最小化。但這裡有兩個很重要的缺點，首先是如此一來，我們也降低了自我發展的可能性，因為新發展總是在與新情況磨合時形成的。再者，我們也因此失去適時做出反應的應變能力，特別是在危機情況發生時，失去這能力會讓人感到全無招架之力。

如果你想從靜態思考轉換到動態思考，應該先拋開生命中有種恆定狀態的看法，並試著理解，即便在你生命中最平和的時刻，也是充滿變化的，因為你在呼吸，你的身體雖然無聲，但有無數個部位同時運作著。即便當你坐在山裡頭一片靜逸的草地上（這時候如果你能用螞蟻的角度來觀察這片草地，應該就能明白我說的道理），你周遭的世界仍然像個忙碌的漩渦，這一刻的平和並不代表世界和你此時靜止不動，而是這一刻沒有發生讓你激動的事情。

換句話說，當我們以為和環境達到和諧一致時，內心就會感到平靜，原因在於和諧不再與「不動」產生關連。從心理學的角度來看，和諧是我們內心沒有排斥和阻力的狀態。當你明白生命並非靜止不動，而你也不是靜止的生物，而是一個設定成以變化為基礎的有機體，那你就不會浪費時間在排斥和抵抗上，反抗永遠不會是平靜的。但如果接受了這些事實，我們內心形成的平靜，其穩定度便更甚於風平浪靜的那種外在平和。

人與香蕉的共通點

達爾文的名字現在幾乎無人不曉，很多人認為他發明了進化論，其實不然，物種進化這個想法最早源自於古希臘。達爾文前最著名，且對達爾文影響至深的進化論者是尚—巴蒂斯特・拉馬克（Jean-Bapiste de Lamarck），但其理論並未獲得廣泛的接受。達爾文的理論特別之處在於，他為進化發生的必然性，提供了令人信服的合理解釋，包括合理的證據。達爾文的想法之所以能獲得大眾的接受，是他不僅描述進化本身的過程，也能解釋進化的驅動力。他自己也明白，大自然的物競天擇原則最能支持其論述，那是達爾文理論的核心，以此一理論能遠遠地將目前既有的其他所有進化理論拋在後頭。

一八五九年，當他終於發表這本厚達五百頁的《物種起源》（這篇幅他還嫌太短了）時，他稱這本著作是大自然物競天擇理論的一個「長篇論述」。但當時的人們不願意接受這樣的逆天說，數十年後（至今仍然如此），當人們接受達爾文理論中的進化為事實時，仍有人堅決反對達爾文在物競天擇這方面的看法。人類和其他生物一樣應該是由其他形式進化而來，並不是神精心特製的創造物，而是從猩猩進化而來。達爾文年輕時在他私人筆記上寫下這些想法時，一開始曾試著將人類排除在演化論之外，但他很快就將這個想法給推翻，他果斷地寫道，人類不是例外，是進化的一部份。當時的人內心雖然感覺不是滋味，但勉強還能接受達爾文這一部分的論述。（據說當時一位英國主教的夫人聽到這論述後，震驚地大喊：『讓我們祈禱，這不是真實的，但如果它是真的，就讓我們祈禱，它不會變成普遍的知識。』）

然而如同達爾文的傳記作者大衛・夸門（David Quammen）所說，物競天擇的想法「太唯物，太陰沈，不論是從字面上或衍生的意義來看，都太沒有靈魂了」。進化論本身還好，至少神還佔有相當重要的地位。我們至少還能想像，是造物主在推動這整個進化過程，那麼人類在這種情況下至少也還扮演了一個特殊的角色，因為造物主親自創造了人，賦予其靈魂，使人類高於世界上其他生物，但如果接受了達爾文的物競天擇之說，那造物主創造人的這塊最後堡壘也將瓦解。這樣一來，原則上人和動物是相同的，萬物只是在偶然的情況下，有些變形為蜘蛛，有些變成香蕉、狼或人。和達爾文同時期的人完全無法在這個想法上找到共鳴，但達爾文發表這個論述時，內心也掙扎萬分，諷刺的是，達爾文的這份發表雖然命名為《物種起源》，但卻未闡述其「起源」，只說明了其多樣性的進化邏輯，但他明確指出，神與生物進化毫無相關，甚至還認為，「有神存在」此一看法很可能也是進化的產物，人類發展出這個想法，以作為人類在遇到道德抉擇時依循的最高準則。

達爾文的唯物主義無妥協空間。生物學家阿爾弗雷德・羅素・華萊士（Alfred Russel Wallace）看出地球上的地理變化、生物人口發展和物種變化之間的關連性，以及和達爾文一樣的自然選擇理論，他也是促使達爾文發表自己理論的最大動力，因為這位年輕研究學者揚言要搶先達爾文一步發表論述。《物種起源》發表約十年後，華萊士發表了一篇文章，闡述自然選擇不是人類大腦發展的原因，他認為一定有一個「更高的智慧」形成了人類大腦這個特殊的器官。達爾文非常沮喪，但這不一定是因為他反對這個理論。「達爾文的理論不是反對『有神存在』，無論是有形體或無形的神，內在或天堂的神。達爾文反對的是人類的神聖論，這個理論認為人類與所有其他生物不同之處，在於我們精神上的高人一等，是神的特選，使人類擁有非物質和不朽的本質，有追求永生的願景，神對我們有特殊的期望，人類在地球上有特殊的權利和責任。達爾文這個說法徹底衝擊了基督教、猶太教、伊斯蘭教，或許還有地球上其他所有宗教」[15]，夸門寫道。

[15] Quammen 2006, S. 209.

達爾文動態思考的最後一個關鍵是，他不僅將人類納入進化過程的一部分，同時也指出，進化尚未完成。他理解到我們現代人至今仍然模糊的概念，即人類並非「萬物之靈」，也不是進化過程的完成品，或許沒有人聽懂他究竟是什麼意思，但進化仍持續進行中，包括人類，沒有人知道進化最後的結果，或它是否終有結束之日。如果現在能問問達爾文這個問題，他可能會說，進化永遠不會結束。他對世界的看法無須有起點和終點，因為關鍵點在過程本身，它不需要外在引導者，因為無所謂外在的存在。進化原因本身應有盡有，像是生命、死亡、發展、驚喜、好奇、智慧、善與惡。正當別人認為達爾文的理論冷酷、無人性，甚至是殘忍之際，他卻認為無神的大自然更加令人敬畏：「或許最偉大的觀點是，造物者為周遭所有生命提供了少數或一種形式的胚胎，這個星球遵循著最嚴格的地心引力法則自轉，地球從這麼簡單的開始，發展出無盡美麗又奇妙的形狀，而且發展尚未結束」[16]，達爾文在《物種起源》中如此寫道。

如果有人認為三百億年成就了所有地球生物的進化論，遠不如舊約聖經中所述七天的造物說來得精彩，達爾文認為，這種人根本什麼也不懂。

如果你想實際練習動態思考，可以先試試改變工作方式。靜態思考永遠依循一個固定點旋轉，分派到工作時，永遠只想到目的地，這種思考方式的方向，永遠只朝向工作完成的那個點，完成工作時，就整個解壓，即到達所謂的「一般狀態」，但永遠不可能達到這種狀態，因為肯定又會出現新工作。這種思考模式還有另一個缺點，即很多人常被工作壓得喘不過氣來，特別是大型專案，由於目標似乎太龐大，因此也遙不可及。

但動態思考的運作方式是採過程導向，它知道「一般狀態」不是靜止，而是動態，因此在過程期間就能有效舒壓，它不會一開始把目的地訂得死死的，而是專注於下一步驟。或許透過這樣的方式，工作效率會更高，因為它全力專注在工作的每一個階段上，不會因為離固定的目的地太過遙遠，而感到心灰意冷。所以你可以試試看以過程導向，取代目的地導向的工作方式。你會發現，工作成果將會有徹底的變化。

[16] Charles Darwin, Über die Entstehung der Arten, 15. Kapitel: Allgemeine Wiederholung und Schluss, http://www.textlog.de/25 171.html (letzter Zugriff 29. 6. 2015).

第九章　吉杜・克里希那穆提（Jiddu Krishnamurti）

否定思考，或破了洞的水桶

一九〇八年，在印度擔任小官員的吉杜・納里安里亞（Jiddu Narianiah）快要退休了，他知道只憑微薄的退休金養不起他們一大家子人。由於他已經加入神智學協會（Theosophische Gesellschaft）[1]二十六年了，便拜託當時該協會聰明又有魅力的會長安妮・貝費特（Annie Besant）讓他退休後可以到協會工作。他一定很有說服力，總之貝費特最後答應了，讓他在該協會位於印度阿達亞（Adyar）總部的神祕學部門擔任秘書一職。很快地，納里安里亞在阿達亞附近郊區找到了一棟小房子，把當時還住在馬達納帕爾萊（Mandanapalle）村莊裡的家人接來一起住。神智學協會是一個研究大自然和人類休眠力量的神祕組織，這家人在這個不尋常的環境，與神智學協會的奇異氛圍下，發展出一段不平凡的故事。

這時候，由於神智學協會創始人布拉瓦茨基夫人（Madame Blavatsky）的預言，安妮・貝費特確信偉大的靈性導師，即下一個彌賽亞（Messias）即將出現。協會的先知查爾斯・韋伯斯特・利德比特（Charles Webster Leadbeater）負責幫忙尋找此人，利德比特下定決定，一定要找到這位靈性導師。有一天，他偶然在阿達亞海邊遇到納里安里亞的兩個兒子，他們正在海裡游泳。奇怪的是，吸引他目光的不是那個長得聰明又伶俐的弟弟尼提阿南達（Nityananda），而是十四歲的哥哥克里希那穆提，他給人一種奇特的印象。利德比特不禁觀察了他好幾天，深深被少年無法言喻的魅力吸引，他幾乎沒聽過這孩子開口講話，他對世事也一副興趣缺缺的模樣，用著望向遙遠天際的眼神看著這個世界。這也正是克里希那穆提的老師在他身上發現的異樣，認為他可能有精神障礙的問題。

利德比特曾說，迅雷般的靈感劃過腦際，他在這個營養不良、骨瘦如柴的男孩身上看到了一個偉大身影。很快地，利德比特把兩個男孩接走，逐漸斷掉父親對他們兩人的影響力。利德比特安排兩兄弟離開家，將他們安置在神智學總部的大廈裡，他們進入神智學會後，接觸了眾多令人崇敬的大師，和新加入協會的會員，自此踏入研究神智學與精神力量的世界。少年克里希那穆提從此開始接觸充滿了神祕思想和符號印記的環境，在此同時，兩兄弟不再與印度有所關連，協會讓他們接受全英國式教育，只能說英語，學習使用刀叉用餐，並穿戴西式服裝。

從柳橙汁到勞斯萊斯，克里希那穆提得到了他想要的一切。沒人敢坐他的椅子，或動他的網球球拍，他不能喝酒、吃肉，也不能與粗魯沒教養的人接觸，玩伴只有一群精挑細選出

[1] Die Theosophische Gesellschaft wurde von der Russin Helena Petrovna Blavatsky (1831 – 1891) gegründet. Sie kombinierte östliche okkulte Lehren und westliche Philosophie. 1882 wurde das Hauptquartier der Gesellschaft in Adyar, Madras, in Südindien gegründet.

來的男孩。多年後，克里希那穆提納悶著，一個被神智學理論徹底洗腦的人，在這麼特殊的情況下，怎麼可能還保持這麼純淨和淨白，彷彿剛出生的孩子，沒有特色和個性。那時他很順從也從不反抗，似乎對什麼事情都無所謂，就像一個破了洞的水桶，不管在水桶裡裝什麼，全都流光，一滴不剩。日後他能夠成功擺脫神智學的印記，這項特性扮演了非常重要的角色。

兩兄弟最後被迫離開家人與故鄉來到歐洲，他們在歐洲度過幾年孤獨的不幸歲月後，似乎失去了對神智學理論的興趣。有人問克里希那穆提，被視為神的化身會覺得負擔很沈重嗎?少年克里希那穆提幽默以對。但一直到一九二二年，克里希那穆提二十七歲時，溫馴的他才第一次表現出明顯的叛逆性格，這時候他感受到靈魂強烈的覺醒，這讓他頓時有所頓悟，但也帶來身體的痛苦，他明白，自己不必再苦苦尋找真理，因為他內在已經擁有一個。他壓抑不住內在不斷湧現的喜悅，開始尋找能表達內在自由、屬於自己的語言，那勢必是擺脫神智學術語的語言。不久後，他第二次的叛逆又接踵而至，克里希那穆提聽著貝費特和協會其他會員講述世界導師的十二位使徒，他們說必須建立新的宗教，而且是由貝費特領導。克里希那穆提感到擔心，但又不知如何是好。

但讓他感到最痛苦的是，弟弟重病死亡的事實。克里希那穆提仍一心相信著神智學，那無形的大師向他保證弟弟尼提阿南達不會有事。由於弟弟的去世，克里希那穆提整個人生哲學為之動搖，他斷掉與大師的所有連結，捨棄神智學者的視覺意象，因為他說所有圖像都是靈魂的投射。他感覺有個新的願景正在形成，深刻悲傷為他的生命喚來寬廣、無言的感受。

這種內在轉變表現在他當時的演講內容中，當他在數千人面前演講時，不再提及正統的神智學理論，而是陳述人與宇宙合而為一的感覺。他拒絕接受導師的角色，並一直鼓勵聽眾追求內在持續變化的狀態，他的舉動讓貝費特和其他會員感到震驚和愕然。顯然地，無論是他在神智學協會的那幾年，或是他在英國貴族世界的那些歲月，即便他周遭的人如何努力，也未能成功形塑克里希那穆提的思想。這麼多年來，他的靈魂觀察著、聆聽著，卻仍然空白，在歷經長時間的熟成階段後，終於爆發出巨大能量。他期望所有人能像他一樣，質疑事物，人必須擺脫原有的知識，才能得到新的看法。那是一段連他都不接受權威的叛逆時期。

然而他這些早期的演講只是最後意外結局的基礎，是上演了十八年、周遭人花費大把心思，將期望寄託在克里希那穆提身上後的戲劇性轉折。一九二八年，三千位民眾從各地蜂擁而來，只為了聽他演講，你無法想像他們對宗教是多麼熱誠和虔誠。克里希那穆提絲毫不覺觀眾對他的迷戀和崇拜，他在演講時堅定地向聽眾說明，聽眾必須放棄對權威的信仰，特別是世界導師，也就是不要把他當作寄予希望的對象。數個月之後，他又重申一次，決定解散他身為主席的東方之星勳章組織（Order of the Star in the East）。[2]在這一次的演講中，他闡述了一個他終其一生都不會改變的基本立場。「信仰是純粹個人的事務」，他明白表示，「你不能、也沒有權利去安排信仰。如果這麼做，信仰就會死亡、僵化……如果基於此目的成立某一組織，該組織會變成一種弱點、一種強迫，它只會讓個人變成殘廢，阻止人成長。」[3]此外，他還說，他不想要有追隨者，他最關心的是，以無條件、絕對的方式釋放人類。

克里希那穆提在思想上完全拋棄權威人士的作為，自此成為經典，讓他有別於其他心靈導師或任何其他宗教人物。解除東方之星勳章組織之後，人們開始視他為反對宗教信仰型態的世俗哲學家。他退出神智學協會後，立刻寫道，「我的理論既不靈異，也不神祕，因為對我來說，這兩者都是強加在追求真理者身上的框架。」[4]逐漸地，經常聚集在他周圍的那群年輕人紛紛散去，國際媒體對「世界導師」的熱度也退燒了，之後他過了好長一段乏人問津的生活，像個果決的獨行俠，孤獨地走自己的路。當他重新在大眾面前發言時，他刪除了導師和學生的角色，將這種觀念稱之為「學習」、對事物好奇者彼此之間的分享以及研究自由。而他則是扮演鏡子的功能，讓觀眾在鏡子裡看見自己無誤差和無偏見的模樣。

大多數人不大能接受這種取代傳統師生關係的新式「學習」，傳統師生關係中有一個具主權的專制老師，負責回答學生因無知和依賴而提出的問題，不過大多數觀眾不了解克里希那穆提為什麼不願意用公式化的方式回答問題？為什麼他總是將發問者的問題再丟回給發問者？但很多觀眾被他獨特的個性，以及彷彿滲入本質內的深度寧靜深深吸引。美國知名作家亨利．米勒（Henry Miller）寫道：「除了耶穌基督，克里希那穆提放棄的，比任何我想得到的人還要多……少年時期，他被神化為未來的救世主，他拒絕接受別人為他準備好的角色，疏遠所有門徒，拒絕所有的導師和老師。他不想在世界上設立新的信仰和教條，他質疑一切，培養懷疑的能力和毅力，擺脫幻想以及透過傲慢、自大和任何型態來支配他人所產生的魔法。」[5]

---

2 Der *Orden des Sterns des Ostens* war eine Organisation, die von der Theosophischen Gesellschaft in Adyar von 1911 bis 1927 betrieben wurde. Ihre Aufgabe sollte es sein, die Welt auf die Ankunft einer Art Messias vorzubereiten, den sogenannten Weltlehrer oder Maitreya, der natürlich in der Person Jiddu Krishnamurtis erscheinen sollte.

3 Pupul Jayakar, J. Krishnamurti. A Biography, New Delhi 1986, S. 78.

4 同上，S. 93.

5 同上

沒有過去包袱的思想

但促使克里希那穆提出乎意料之外放棄一切的內在轉折，到底是什麼？這個問題的初步答案就在他於一九二八年進行的一場演講裡：

「我叛逆了好長一段時間，反對權威、反對他人的規定、反對他人的知識；我不接受任何事物為真理，直到我自己找到真理。我並不是反對他人的想法，而是不接受他們的權威、他們對生命的理論。在我還沒開始叛逆一切，還沒對什麼都看不順眼前，無論是在教義、教條或信仰當中，我都找不到真理……那是我長久以來的目標，在追求目標的過程中，我觀察了很多人，他們有些人陷入了自己的慾望裡，有些人則被生活的庸碌和徒勞壓得喘不過氣……我觀察人們，發現他們築起了偏見之牆、信仰之牆、輕信思維之牆、恐懼之牆，雖然這些牆都是他們親自築起的，但他們卻又要與這些牆戰鬥，試圖從中逃脫。我觀察人們，我明白了，如果他們無法擺脫他們崇敬的神、他們的詮釋，那些戰鬥便毫無意義可言……我也反對神智學者的行話、理論、文字和他們對生命的詮釋。我聽著講師講述千篇一律的想法，這些想法無法觸動我的心，也無法讓我感到快樂……我在街上漫無目的地走著，觀察行人的臉，看到他們也在看我……我走進劇院，看見人們找樂子，試圖忘記不幸，就像他們以為利用膚淺的表演刺激來麻痺他們的心和理智，就能解決他們面臨的問題一樣……我觀察形形色色的人，蒐集最直接的經驗。每個人的背後隱藏著一座沈睡中的不幸和不滿火山。我在各種享樂中追求快樂，但我遍尋不著。」[6]

這篇演講文表現出克里希那穆提的思考結構，這位思想家在追求真理的過程中，靜靜地觀察了人類思考和行為的各種模式，並全數否定。克里希那穆提的「否定」源自於對所有先入為主的生活觀、任何形式的陳舊，與既有思考模式的不滿。我們可以這麼想，是因為全盤否定造成了他強烈的虛無主義，但這對克里希那穆提而言，是通往徹底自由的關鍵鑰匙，這把鑰匙蘊藏著直接感受生命，和生命之謎的可能性。

---

6 Warayuth Sriwarakue, Cultural Traditions and Contemporary Challenges in Southeast Asia. Hindu and Buddhist, Washington 2005, S. 83.

人類的理智是由各種條件集結而成，像是集體性的信仰看法或價值、各國特有傾向和宗教象徵等，出生那一刻起就開始不斷影響思想，讓思想自動依循著人重視的概念運行。而包括所有聯想和意涵的語言本身，也具有強大的調整力量。例如「神」這個字，會激起信徒強烈的情感，無神論者則會喚起憤怒，但這個字是由人類思想所創造的。不過它很容易被遺忘，所以人們假裝這個字存在很久了。印度教徒所做的設定是，讓他們的孩子對「濕婆」（Shiva）這個字產生情感的連結，就像虔誠的基督徒對「耶穌」這個字會產生強烈情感一樣，如果父母和環境不斷地向一個人傳達某種特定訊息，像是「你是猶太人」，他就會快速地認同自己的猶太人身份，包括猶太人的歷史和傳統。

我們透過模仿和重複強化著我們各種根深蒂固的元素，而拒絕任何型態的設定，是克里希那穆提否定式思考中一個很重要的部分。正如他所說，那就像是摒棄一切人為、非原始的事物，為了讓靈魂清靜如水，就像無人可觸及的山中小溪。對他而言，否定式思考是斷絕社會和家庭等外界任何型態影響的工具，即一種不累積、拋開一切束縛的思想。

一九三八年初，克里希那穆提結識了英格蘭作家暨哲學家阿道斯．赫胥黎（Aldous Huxley），他們經常見面，一起散步，但大部分時間是赫胥黎在講，克里希那穆提負責聽。赫胥黎非常驚訝，因為他無法理解克里希那穆提的心靈竟然具備這麼靈活的力量，凸顯了他絲毫不受知識影響的感受，赫胥黎也在學習傾聽克里希那穆提講述一種沒有知識或記憶累積的感受。有一次散步時，赫胥黎告訴克里希那穆提，他願意不計一切代價，只希望能遇見真理的本質，但他的靈魂辦不到，因為它充滿了知識的累積。他們散步交談，不僅僅是兩位思想家的聚會，也是兩種截然不同的思考模式，即否定式思考和累積式思考之間的交流。

從否定式思考的角度來看，人無法透過不斷累積知識和經驗的方式來追求真理，深入探究生命之謎。對追求真理的靈魂來說，每一次的知識累積就是一種負擔。否定式思維模式就像巨大的橡皮擦，徹底擦掉過去所有的知識和經驗，從這個角度來看，人類無法透過習慣累積知識和記憶、循序漸進的思考模式，理解真正的生命意義。只有否定一切，讓思想輕量化和淨空的模式，才能真正觸及和解開生命的祕密。

如果人們可以堅定不移的話，那麼否定式思考能讓靈魂達到不保留知識的淨空狀態。它會抹去人在追求幸福或智慧時所有想得到、所說或所做的一切；它會毅然決然地離開人類舊有的道路，丟掉所有的地圖，獨自走上自己的路。克里希那穆提認為，跟隨他人信念的舊有方式，是因為害怕犯錯，所以他盡量避免使用會讓觀眾自動聯想到既有認知的傳統概念，他甚至告訴遁世修行者，他們並不是真正孤寂地修行，因為他們還擁有知識以及慣用的冥想，

「那不是真正的孤寂」[7]，他向他們解釋道。孤寂意指必須拋開所有既有設定的負擔，「想要擺脫自己的歷史、傳統、既有設定的負擔，就必須要有強大的研究意志。」[8]

如果想感受這樣的狀態，你可以試試以下的思考實驗。想像這地球上沒有人，也沒有任何人類的痕跡、知識和思想的存在；沒有圖書館、沒有科學研究、沒有哲學理論和宗教、沒有書籍、沒有偉大的智慧和傳統。你是這個星球上唯一的人，你是第一個探究生命祕密的人，這世界上只存在著你和這個祕密，你和祕密直接溝通，沒有其他人參與其中，你是研究這個未定義領域的第一人。想想看，你沒有既有答案可參考，沒有已證實的知識或既有精神公式可遵循，只能靠自己找到答案。你可以感受到思想的新鮮度，沒有歷史的支援，因為它沒有過去，這個思考模式能為生命開啟一扇未知之窗。這時候你感受到的是激動？還是恐懼？

累積式思考會追溯過去，是可以立即存取知識的記憶體。否定式思考拒絕以歷史為基礎的一切，就像是一個自動心理潔淨機制，它會不斷地清除昨日發生的一切，把空間留給新的感受。你可以把它想像成減肥，隨著時間，否定能讓思想瘦身，變得更輕盈，運作更迅速；而累積式思考則會變胖、變重，最後笨重到無法動彈。所以說，累積式思考就是一種心理肥胖症，它會不斷吸收資訊、概念、記憶和經驗，因此可能會產生安全和穩固的感覺，但同時也開始變得遲鈍且不明確，生活變得複雜，感覺靈魂又老、又無力。否定式思考無法忍受靈魂停滯，那是一種過去與習慣層層交疊的狀態，它會迅速地認知到可能導致思想僵化的心理習慣，然後果斷地丟掉它們，讓靈魂持續保持淨空狀態。

克里希那穆提曾說過，他不曾有過靈魂「窒礙難行」的感覺，這是每天累積知識和經驗的人，時常出現的現象，他一直有必須「倒掉」、不斷重複重新遇見知識的感覺。這是他的思考模式中最引人注目的特性，一直到他八十五歲高齡時，觀眾仍可感覺他內在的年輕，這是此種思考模式的結果。有一次他警惕一位朋友說，「年紀增長的時候，靈魂就會僵化，傾向於機械化運作。所以我們必須破除所有的思考和情感模式，也就是意識每個思考的變化，不斷觀察。」[9]

---

7 Jayakar 1986, S. 221.

8 同上

9 同上，S. 246.

不累積知識的藝術

天才大多有偏好的提問方式，克里希那穆提的思考模式則喜歡將思考程序轉向自己，也就是他想知道，當他研究某個特定問題、追求真理時，他的理智是如何運作。思考在一般狀態下，真的具備吸收能力嗎？具備真正的研究能力嗎？它夠自由嗎？可以像清晨草地上的晨露那麼清新，擺脫所有印記嗎？我們時常太專注於某個研究專案，甚至忘了研究者精神狀態本身也具有強大的影響力。克里希那穆提想要創造一種新的思考方式，強調人的感受核心必須徹底改變，傳統的知識只是一種阻礙。我們必須積極培養一種智慧型的覺醒機制，遵循不妥協的否定原則，積極更新人類的思想。這一種保持清醒的理論，能大力清除所有固定的想法和既有例行儀式，即便這些想法和儀式十分得體，也符合規範。例如，他反對冥想，認為冥想會產生類似催眠的作用，對他來說，智慧不是重複和印記累積的結果，智慧出現在某種程度的聆聽裡、在人們觀察日常現象的專注力裡。智慧是對人類內在和外在真實的一種，偉大且全面的認知。

要能毫無誤差地看見自己的真實，實屬不易，因為在探究的過程中，我們會看見不斷呼嘯而過的內在思想和感覺，認清我們的思考和情感中充滿了自我中心、嫉妒、衝突、恐懼、孤獨感等，但為了逃避，我們會迅速地將它們轉換為理想的形象，像是無私、體貼、平和以及有教養。克里希那穆提說，人們喜歡用「應該是」來取代「如何」的問題，想要向他們的理想形象看齊，卻不理會精神現實，因此精神上也不會發生變化。這是一種逃避事實的肯定式思考，而人們的孤獨，卻是赤裸裸的事實。

道德觀念、宗教和靈性會積極促使當事人與這種理想形象相連結，它們將神聖或正直的人放在雕像底座上，建議人們仿效他們，卻無法讓這些偶像的精神滲入人類核心本質之中，並在那裡引發徹底的改變，無論人類取得多大的成就和知識，內在真實永遠都是一樣的。克里希那穆提拒絕所有理想化的自我形象，因為他認為，理想形象是人實際自我認知的阻礙，更糟糕的是，它阻礙了人類文化數千年，讓人類無法改變自己。我們培養出一種不斷自我提升的態度，一種讓人逐漸從利己者變成了忘我者的態度，有效防止我們臉上顯露出實際的自我中心。

克里希那穆提一次又一次地讓觀眾無情地正視日常生活中的殘酷事實，即內心的空虛，是我們試圖用忙碌填補的空洞。他曾說過，當思想了解其真正的運作機制時，真正的宗教才會產生。

當我們拒絕所有反應時，才能發現思想的真實面，也就是對所有的看法、判斷和結論做出反應。也就是說，例如當你發現自己的嫉妒情緒時，不必辯解，也無須譴責自己，通常這兩者是我們的直接反應。克里希那穆提認為有一種直接正視問題的方法，就是必須面對、觀察嫉妒，但不要以任何方法逃避這個事實：「觀察你的想法，不要讓它們逃跑了，無論這些想法有多醜陋或殘暴，就去觀察，不要選擇性地評斷或判斷。」[10]

不過在遇到憤怒、仇恨或享樂時的強烈情緒時，便很難運用這項原則。過去的教育告訴我們，應該控制這些情緒，但克里希那穆提認為，阻力會給予這些情緒更多的養分。他對這個問題的解決方法令人出乎意料，認為我們必須承受這些情緒，但精神上不要試圖去改變或改善，讓它們盡情地發洩，最後徹底結束。我們必須容許有無思想的情緒狀態存在，讓情緒像波浪一樣慢慢散開，不要去改變，也不要將它貼上「好」或「壞」的標籤。

一位女士來找克里希那穆提請求他的建議，她曾經流產三次，後來無法再懷孕。克里希那穆提沒有安慰她，反而鼓勵她將她內心的渴望表現出來，在街道上看見其他婦女帶著小孩時，不要故意移開目光，不要為內在湧現的情緒感到羞愧，也不要試圖以理智來看待這件事。當她說她必須接受那就是自己的命運時，他回答：「接受和理智是藉口，千萬不能有藉口。傾聽妳的孤獨、妳的挫折。一旦妳傾聽它們，妳會發現，無法當母親的痛苦已然消失。」[11]

從這個角度來看，克里希那穆提的思考模式非比尋常。他深信，透過心理分析進行自我重組和修正無法改變一個人，能夠自我改變的唯一方式就是正視自己。

隨著時間，克里希那穆提從否定和認知中發展出一種很有效率的提問方式。大多數哲學家無不積極地追求生命問題的解答，但克里希那穆提不會想用一個問題，來得到最終且完滿的推論。他會提出一個基本問題，諸如「何謂愛？」、「何謂死亡？」或「何謂生命的意義？」，然後抽絲剝繭地深入探究。由於他不讓思考透過一個答案找尋淨化靈魂的救贖，而在精神上形成一股壓力。對他來說，透過問題可以顯露出我們思考模式的失敗，即作為答案的印記、自動反應、思考想要逃避的日常生活事實。因此問題就像個巨型的投射器，讓我們被設定的思考過程無所遁形。

克里希那穆提的自傳作者普普爾・賈亞卡（Pupul Jayakar）寫道，「當我們提出問題時，就好像把一顆糖丟在地板上，不一會便有一大群螞蟻從四面八方出現。問題也會以類似方式吸引所有可能的反應。」[12]如果隨便找個人問他「你相信神嗎？」，大多數的人會立刻回

10 同上，S. 11.

11 同上，S. 234.

12 http://www.jkrishnamurti.de/LdG07 – 5.355.0.html (letzter Zugriff 15. 6. 2015).

答「是」或「否」，就好像按下按鈕一樣直接反應。一般思考者在回答基本問題時，總是從他們經歷過的經驗中，歸納出一個簡單的答案，克里希那穆提將我們的大腦，跟儲存資訊的電腦互相比較，「大腦和這種電腦的運作模式一模一樣，在數世紀以前便已設定完成，所以有人發問，大腦就能立刻回答。如果大腦未經設定，它就會去觀察、去看，問題是，我們的大腦可以擺脫設定嗎？……你的靈魂可以不立刻回應問題嗎？有辦法延遲反應嗎？可以讓問題無限擱置嗎？」[13]

讓問題擱置在靈魂裡，就像一只杯子裝著水，不要有任何反應和感覺，不要去找答案，讓「擱置」的狀態自然而然產生答案。如果我們可以拒絕所有既有答案，就能擺脫思想中的印記，進而打開一扇新的門，答案便會在問題的中心，以直接感受的型態出現。

一九四八年，克里希那穆提用來否定思考過程的提問方式，形成他最重要的研究工具，也就是一種獨特的對話形式，進行這種對話時，參與者會共同討論一個基本問題。對話是從參與人針對問題提出「已設定」的反應，然後一直進行到這種普遍性思考結束，最後參與人一起形成認知。克里希那穆提之前還會使用傳統的問答格式，而這種對話形式徹底破除了傳統的師生關係。

這種對話一開始還顯得有些雜亂無章，有人問了克里希那穆提一個問題，克里希那穆提再把這個問題丟回給提問者和所有參與人，要求他們透過直接感受找出新答案。他講話速度慢，經常稍做停頓，身體前傾，仔細聆聽每一個答案，彷彿所有答案他都是初次聽到。對於他自己的答案，他似乎也像聆聽提問者的聲音一樣，保持開放和接受的態度。他拒絕以權威的角色提供答案，而是希望能在他人內在引發一種精神之戰，這些人習慣於從權威者身上得到解答，克里希那穆提不希望參與者回應問題，因為回應了問題就是問題研究的終點，他要求參與者觀察問題，深入問題的內在，面對問題，稍做停頓、沈思，便能喚醒傾聽的精神力量，這時我們會使用到大腦中思想不具任何角色的那一部分。在他的對話中，克里希那穆提會先往前衝、煞住、退回、再往前衝刺，直到思考程序漸趨緩慢，這時，對話參與者的內在感受會突然覺醒，問題和答案瞬間如撥雲見日般明朗了起來，答案自然而然出現。參與者可以觀察到，他們的理智如何變化，如何落入他們自己的思想中，他們也看得見，理智其實無法帶來真正的「新」答案。當他們看清其思考程序的不足時，思考程序的極限便會消失，但這個時候，克里希那穆提還不會罷手，他會繼續無情地追問，不讓這些集聚的能量再度分散消失。當對話停滯，無法前進或對話群組迷失在無創造性的論辯中時，克里希那穆提便會往

13 同上

前大跨一步，迫使參與者思考，基本問題不能以純哲學方式討論，必須觸及真實的愛、死亡、恐懼和痛苦。

克里希那穆提深信，大腦細胞能在思考完全停止的全盤否定狀態下進行更新。他認為，透過否定式的思考程序，讓大腦細胞停止自動化的作業，便能改造大腦細胞。根據他的說法，認知在人類大腦中便能發揮更新的力量。

永恆不老化的思考

如果想要理解克里希那穆提對問題所賦予的意義，我們也可以試著提出問題，像是我們的思想可以終其一生保持年輕嗎？我們可以讓精神容量不要不斷減少，而是每天永保「淨空」嗎？當我們年老時，我們可以保持心靈一如往昔地輕盈，一點也感受不到歷史的沈重嗎？

想想看，看到這些問題時，第一個反應是什麼？本質上以記憶為基礎的累積式思考會說，不可能，我們的思想當然是每天新增一層記憶、經驗和知識，不是嗎？重點是，這正是累積式思考讓我們心理逐漸老化的關鍵，因此它沒資格回答這個問題。如果要讓心理保持年輕，克里希那穆提會說，請遠離累積式思考，唯有拋棄它，心靈才有更新的機會。

想想看，讓人老化的因素一定不只年齡，畢竟有些人年紀輕輕就一副老態龍鍾的模樣。由於心理僵化使然，讓人食古不化，不願意去接受自身狹隘的精神視野外所發生的一切，活動範圍侷限在自己的圈子裡，像個封閉式系統不斷地重複相同的思考模式。這個封閉式的系統能夠自給自足，也不想受到干擾，他們已經「太滿」了，甚至連一丁點的新想法也嫌太多，就像吃得太撐的人，連最美味的甜點也吸引不了他，所以他們拒絕所有新事物，或者說，他們甚至無法再容納任何事物。

如前所述，克里希那穆提最傑出的特性之一是為，他在高齡八十五歲時，還能像第一次一般，以無比的熱情，探究一個早已思考多次的問題，因為每個問題存在的當下，對他來說就是新鮮事，這是克里希那穆提心靈永保年輕最生動的例子。難道他的否定式思考，就是大腦返老還童的關鍵因素嗎？

克里希那穆提堅信人的心靈可以再生。二十世紀中葉時，他就提及此論述，相當程度上，算是為他後來研究神經元可塑性奠定了基礎。二十世紀的神經科學家認為，人類大腦結構在幼兒時期的某一特定階段之後就幾乎已經定型了，而認為大腦是靜態生理器官的看法早已過時，有越來越多證據證實，大腦有許多區域甚至在成年後都還有型塑的可能。現今研究結果顯示，大腦的經驗、生理結構以及功能組織都可能改變。如果大腦會因脈動而改變，那為何不能基於更深層的認知而改變呢？[14]

曾和克里希那穆提進行多次對話、最終也形成自己獨特的對話形式的知名英籍美國物理學家戴維．玻姆（David Bohm）應證了克里希那穆提的假設：「值得注意的是，近來大腦和神經系統最新的研究結果，都支持克里希那穆提認為大腦細胞的內觀認知能改變，」他說道，「我們現在知道，人體裡蘊藏著重要的物質……會持續地對我們知道的、思考的、有所意義的一切產生反應……換言之，大腦細胞和其功能會大幅受到知識和熱情所影響，因此，在具備心靈能量和熱情狀態時所形成的內觀認知，可能對大腦細胞的影響力更強烈。」[15]

克里希那穆提的「內觀認知」概念非常接近冥想狀態，多項研究結果證明，這種狀態能造成人類大腦的功能變化，甚至對專注力、恐懼和身體自癒機制也有正面影響力。之所以如此，可能是因為大腦結構透過冥想達到變化。[16]這個說法和克里希那穆提認為，健康的生活方式，會帶來沒有昨天也沒有明日的感覺相符合，他相信，這種想法不僅能有效防止心靈智力的下降，也能修補多年來不當使用心靈能力所造成的磨損。

顯然地，我們的大腦具備足夠彈性，可以隨時改變。而累積式思考卻認為改變勢必難如登天，但這種思考模式之所以會這麼想其來有自。對於必須放棄過去的影響力和反應式機制這種想法，該思考模式會表現出排斥，認為沒有那麼簡單，因為累積式思考會形成厚重且堅固的「自尊心」。過往記憶會合併到我們自己和與他人共同創造的歷史中，透過這兩者形成對現實，以及對我們自己的看法，這些有限經驗和知識庫存也是我們生活行事上的基礎。可以說，我們和我們個人的歷史結了婚，一直到死亡才會分開，但問題是，以心理學和神經學的角度來看，這不只是一個歷史，這在心理學上亦稱「敘事心理」，即人會從精選出的記憶，以及其詮釋中撰寫自己的歷史。

如果我們認為那是自己的記憶，其實那是一種假象。就像某個作家隨便寫就的劇本一樣，我們用各種特效和戲劇元素填充的故事，也同樣漏洞百出。除此之外，我們還會不時修改自己的記憶，每當想起某件事時，我們就改變它，我們無法相信所謂的記憶。心理學家暨記憶專家羅芙特斯（Elizabeth Loftus）透過廣泛的研究後得以證明，人類的記憶是可以改變的。她最具突破的研究成果顯示，人的記憶會騙人，且容易受他人影響，原因在於「錯誤訊

---

14 Warren H. Chaney, A Workbook for the Dynamic Mind, Las Vegas 2006, S. 44.

15 Mary Lutyens, The Life and Death of Krishnamurti, London 1990, S. 170.

16 Antoine Lutz u. a., Long-term meditators self-induce high-amplitude gamma synchrony during mental practice, http://www.pnas.org/content/101/46/16 369.full (letzter Zugriff 29. 6. 2015); Richard J. Davidson/Antoine Lutz, Buddha's Brain. Neuroplasticity and Meditation, in: *IEEE Signal Processing Magazine*, http://www.investigatinghealthyminds.org/pdfs/davidsonBuddhaIEEE.pdf (letzter Zugriff 29. 6. 2015).

息效應」（Fehlinformationseffekt），因為加入了後續的資訊，記憶隨著時間流逝，會逐漸偏離其原始事實。有越來越多的證明顯示，自傳式的記憶相當不可靠，從這個角度來看，實際上人沒有真實的記憶，只有關於記憶的歷史。

這裡談的當然不是功能性的記憶，例如如何開車的記憶，而是心理記憶，即我們記錄了一個特定的時刻，並賦予它情感的意義。我們累積這些情感意義，它們的功能就是讓我們在遇到新情況時，能藉由這些舊有的情感數據做出反應。我們過往累積的知識和經驗，雖然可以是年齡增長的美麗印證，但如果它們一直佔據我們的感受中心，可以留給舊有思維以外事物的空間就所剩無幾了。我們儲存了這麼多的印象、引言和論述，導致我們被僵固在某個特定的世界觀上，這和電腦有何不同？當電腦記憶體容量負荷太大時，電腦運作速度就會變慢，於是店員就會建議我們擴充記憶體。

有人可能會立刻聯想到，我們每天進食，但也不必一直去清空肚子，但這個原則不適用於思想。人們往往認為大腦不會囤積垃圾，或許我們以為大腦擁有無限大的儲存空間，也或許原因在於思想垃圾是無形的。如果思想是粉紅色的，那我們會逐漸被思想染成粉紅色，這樣或許就比較知道頭腦裡究竟是怎麼一回事了。我們可以把否定式思考想成心靈和大腦的清潔機制，它會丟棄過去不必要的負擔，這份過去幾乎已經變成了一個獨立的生物體，想永遠寄居在我們的內在。

如果嘗試否定式思考，它或許能引導我們重拾在孩子眼中所看到的純真和清新。而累積式思考則是我們失去這種純真的原因，它讓生活一成不變，讓我們感覺對所有情況只能作出制式反應，別無他法，但變老的不是生活，而是我們自己。試試看不要感受自己的歷史，這或許會是個很好的起始點，找尋我們內在尚未老化、仍處於原始狀態的那個部分。或者當有人向我們提問時，不要立即回答也是個好方法，也可以試著在行動前覺察反射性回應，或去感受那些會讓我們說出特定話語的自動化情感反應，也可以每天早上感受新的一天那種清新感覺，會對心靈永保年輕有所助益。

大多數人在日常生活中的普遍狀態，就是讓專注力逐漸狹隘。人們的專注力會從一個事物轉移到另一事物，從一個人身上轉移到某個資訊上，再從資訊轉移到特定情緒上。克里希那穆提的專注力是全面、廣泛的，而非選擇性的，他具備整體意識概念，對任何事物都非常敏感。他說，因為他的專注力沒有中心，沒有負責觀察和挑選該專注於何處的那個自我。

對話時，他不僅全神專注地聆聽對方，不做任何回應，還能注意到他周遭一切人事物的動靜，像是在樹上唱歌的小鳥，或從花瓶上掉落下來的花朵。有一次，他在對話當中問道：「你們有看見這朵花掉下來嗎？」他能同時察覺到多種事物，但並非排除內在和外在的程序，而是讓兩者無礙地通過心靈，不留下任何痕跡。宗教和精神實務上常建議人要關閉感官，從世界退回到自我，但克里希那穆提不同，對他來說，傾聽的意義，就是人應該打開全部的感官，張開眼睛，打開耳朵。有一次，他觀察一群從他身邊走過的僧侶，低著頭看著腳下的地板，不看他們周遭大自然的美麗，他說道，他們的思想或許會感到平靜，但那是一種受限的寧靜。我們必須將專注力放大到極致，大到能容納整個宇宙。

否定式思考的關鍵是，拋棄記憶、捨棄貼上標籤的反應和習慣，這樣一來就能打破理智的限制，形成純粹感受的狀態，在這種狀態下我們能以無所謂、且不啟發任何反應的專注力傾聽一個思想，例如嘰嘰喳喳的小鳥，他認為這種同時兼具覺醒和寧靜的專注力，就是一種智慧。現今這種時代，生活中的氾濫著各種刺激，人們的專注力分散，總是習慣快速反應，我們應該嘗試讓自己達到這種感覺敏銳的狀態。想像一下，我們一天當中要接收來自電腦、智慧型手機等各式資訊，經常忙於回應，有時候甚至得在數台設備上同時作業，注意力根本無法集中，因為我們的專注力會從一個資訊跳到另一個資訊。唯有將這些事物拋到一旁，我們才會發現克里希那穆提所說的那種安靜的專注力。

只要我們一直透過累積式思考模式來觀察生活和自己，專注力便會變得遲鈍或過於聚焦在某一點上，久而久之，它只會侷限在自動反應和思考的狹隘圈子裡。而否定式思考模式會讓心靈空出更多的空間，形成新的內觀認知，它能喚醒我們內在年輕時期曾經歷過的激動，無論是關於自己或這個世界，都有許多可以學習的感覺。我們的內在和外在存在著一大片未探索區域，累積式思考模式會產生沒有新鮮事可學習的疲憊感。

你可以在一天快結束前問自己幾個問題，來測試自己的心靈活力：今天有發現新事物嗎？你今天學習到昨天所不知道的新知嗎？如果每天都能發現新事物，而不只是虛度歲月，就能邁向正確的思想永保年輕之路。

第十章

喬爾達諾・布魯諾（Giordano Bruno）

貫通情境式思考，或為何一粒砂一世界

一五四八年一個寒冷的春天，菲利普·布魯諾（Filippo Bruno）在一個義大利小城諾拉（Nola）附近出生了。如果他的父母知道，他們的孩子數十年後將以「喬爾達諾」這個教名突破了宇宙的邊界，可能會感到驚恐萬分。對這對夫妻而言，宇宙是井然有序的，當時還沒有望遠鏡，人們只能用雙眼望著星空，從這個角度來看，地球當然是靜止地位於宇宙的中心。當時的人們相信托勒密的宇宙模型，即月球、太陽和五個肉眼可見的星球，是發光的球體，繞著地球四周旋轉，且沿著同心圓排列的軌道運行，恆星固定在第八個天體上，整個宇宙就到這裡為止，天體最外側之外則是神和天使的領域。這是西方文化中心梵諦岡所體現的宇宙圖，它表達了創世說中世界的中心角色，以及神在天國樂土上監控塵世一切的想法。

一五四三年，波蘭天文學家尼古拉·哥白尼（Nikolaus Kopernikus）發表了《天體運行論》，他推翻了地球為宇宙中心的看法，提倡日心說模型。他提到地球本身會自轉，並繞著太陽運轉，原有的宇宙模型自此出現裂痕，但尚未因此瓦解，因為哥白尼並沒有確實的證據來映證其理論。除了地球和太陽的角色之外，哥白尼保留舊有的宇宙模型，整個宇宙仍為最外側天體包圍，是個有限的空間，之外才是神的領域。布魯諾出生的這個宇宙其實很小。

我們現在生活在另一個宇宙，一個無限延伸的空間裡，在這個浩大的宇宙裡，地球和太陽只是個微不足道的小點。我們可以從外太空視角看到地球的樣貌，還會拿銀河系照片當作螢幕保護程式，這些全拜科技進步、無數的測量、研究和數學分析之賜，讓我們得以一窺宇宙的奧祕。更令人嘖嘖稱奇的是，喬爾達諾·布魯諾早在十六世紀時就提出與現代宇宙觀非常相近的宇宙模型。

布魯諾在其作品中提及的宇宙中心既非地球，也非太陽，而是有無數的太陽系統充斥於這無限空間。其論述甚至超越許多當代知名專家對宇宙的看法，如義大利數學家伽利略·伽利萊（Galileo Galilei）和德國天文學家約翰尼斯·克卜勒（Johannes Kepler）。他們兩位是當時頗負盛名的數學家和天文學家，甚至還研發和使用了望遠鏡，因此相較於布魯諾，他們兩人的成果在科學歷史上得到更多認同，反之，布魯諾只是個哲學家和叛逆的道明會修道士，他的數學知識有限，個性也是出了名的急躁。在實驗中仔細觀察、量測大自然現象等並不是他熟知的科學程序，以科學專業而言，他的個性實在不適合。「他比較不像自然科學家，更適合當個詩人或用概念『繪畫』的藝術家」[1]。他不使用測量儀器，而是採用邏輯和形而上的論證，然後以預言、激情的戲劇對話和詩歌來記錄想法。他研究神學、魔法、哲學

[1] Wolfgang Wildgen, Das kosmische Gedächtnis. Kosmologie, Semiotik und Gedächtnistheorie im Werk von Giordano Bruno, Frankfurt a. M. u. a. 1998, S. 10.

和自然科學，對他來說，這些都是同一件事，即對同一現象，也就是宇宙的思考。

布魯諾採用的方法或許相當科學，但內容卻走在時代的最尖端，讓他成為現代天文學的先驅。他的作法很直覺式，而這勢必是他至今未得到理應得到的認同最大原因之一。因為以今日的角度來看，他的研究成果令人覺得不可思議，竟然光靠思考就能了解宇宙的結構，究竟是怎麼辦到的？要了解箇中原因，必須從他的歷史看起。

反叛的記憶之星

布魯諾小時候住在義大利拿坡里（Neapel）鎮東部三十公里處的奇卡拉（Cicala）山坡上，家境不算特別富裕，父親是軍人，經常不在家，通常只有母親在家。布魯諾是家中獨子，個性早熟，聽說他小時候，曾經有條蛇爬進他的搖籃裡，還不曾開口說話的他，一開口就能說出完整句子，呼喊救命。幾年後，這孩子對這件意外的記憶仍然栩栩如生，令他的父母親感到非常驚訝。後來也證實，布魯諾確實擁有過人的記憶力，許多人甚至說他擁有神奇的魔法。

少年時期的布魯諾是個獨行俠，喜歡閱讀、觀察環境，經常穿梭在奇卡拉山上瀰漫著迷迭香和月桂花香的樹林和灌木裡。他對這座山有著特殊的感情，多年後當他不安地在歐洲流浪時，還不時憂傷地想起奇卡拉山的點點滴滴，每當他站在奇卡拉山坡上遠眺東方時，總能看見地平線上維蘇威火山的黑暗輪廓。他在這裡第一次思考到他的世界沒有絕對的中心，也沒有固定的邊界。「可愛的奇卡拉山，我還記得小時候，你那神聖的燈光照亮了我……不管我站在世界的哪個地方，看見東方和西方和我之間的距離都是一樣的……所以天空並沒有邊界限制。」[2]

布魯諾十四歲時離開家鄉，自此不曾再回來，但終其一生，故鄉對他的意義非比尋常，他經常在其作品中自稱「諾拉人」，並稱自己的理論為「諾拉哲學」。拿坡里是當時西班牙統治王國的首都，他在那裡開啟全面性的教育，學習語法、修辭、詩學和邏輯。布魯諾在十七歲時進入道明會修道院隱修，得教名「喬爾達諾」，這是個不尋常的決定，因為這個時候布魯諾已經具備成熟且具反叛意識的靈魂，根本不適合規範僵硬且重視繁文縟節的修道院生活，但因為他想繼續學習，且父母也無力資助他的學業，別無他法，畢竟只有修道院能

2 Zitiert nach Paul Richard Blum, Giordano Bruno, München 1999, S. 9.

夠給予他想要的，進入擁有眾多珍貴書籍的圖書館，義大利神學暨哲學家托馬斯・阿奎那（Thomas von Aquin）也曾是道明會修道士，過去時常在此閱覽圖書。此外，後來布魯諾為了躲避宗教法庭而展開流浪生涯時曾說道，平靜且專注的修道院生活，有助於培養自由不羈的思考能力。

由於他無法沈默地閱讀和思考，偶爾必須大聲表達思想，很快就無法適應修道院的生活。他的上司也很快發現，這個來自諾拉的年輕人並不是個特別溫馴聽話的修道士，而且總是沉浸在學業之中，學習拉丁文、希臘文和希伯來文，大量閱讀哲學和文學。就在他進入聖多米尼克教堂（San Domenico）後不久，修道院院長就收到別人對他的告發，指控他發表反聖母瑪利亞崇拜的言論，還撕掉他房間牆壁上所有聖像。幸好這時布魯諾已經是個辯才無礙的雄辯家，他憑藉著高超的辯論技巧得以從這次危機中全身而退。但修道院也算是息事寧人，因為布魯諾靠著驚人記憶力，當時儼然已經是修道院的明星人物，他原本就很有天分，再加上自己發明的記憶法，更讓他本身的才氣更加脫穎而出，他的名氣甚至還傳到了教宗庇護五世耳裡，甚至曾邀請他到羅馬。諾拉人果然不負眾望，他在觀眾面前以希伯來文背誦了聖經詩篇第八十六篇，甚至還能倒背如流，接著他向教宗解釋他的祕訣。

記憶法又稱「人工記憶」，教宗和其樞機主教也都知道，該記憶法屬於當時高等中學的標準課程之一，拿坡里的道明會修道士在該法的應用上表現特別優異。托馬斯·阿奎那曾利用該記憶法將他自己的思想進行有效分類，可同時口述四本書。但布魯諾對這個流傳多年的系統不太滿意，他天生擁有一種獨特的思考結構，他將此思考結構與該記憶法系統化，進而大幅提升效能。他一點也不謙虛地說道，舊方法和他的版本差異之大，就像先進的印刷機和在樹皮上刻字之間的差異。

布魯諾有很多套系統，他也用文字試圖說明，但他和現在的行銷專家一樣，只寫了一部分，讓讀者閱讀後欲罷不能，因此如果想要確實學會這套記憶法，還是需要布魯諾現身說法，沒有他的解釋，大家都沒輒。不過大家都知道，布魯諾的記憶法是源自於兩種主要來源，一種是羅馬人的記憶法，羅馬時期的律師利用該法，即使沒有筆記也能滔滔不絕地講上好幾個小時的辯護詞。他們在內部形成一種視覺架構，即一個有很多房間和各種物件和雕像的建築物，每一項都代表特定想法或一部份講詞，講話時，彷彿走進這棟心靈的建築物，然後叫出他們賦予在各種物件上的想法。現代有許多記憶大師仍使用這種記憶法，但大多是簡化版本，像是需要記住一長串數字時，他們會將個別數字與特定圖片連結，形成一個有時間順序的敘事內容，然後在心裡複述。

第二種引發布魯諾靈感的來源，是加泰隆的神祕主義者雷蒙德·盧爾（Raimond Lull），此人以舊版記憶法為基礎研發出自己的版本，類似一種思考機器的記憶法。盧爾將羅馬人的建築物換成好幾個同心圓，每個圓劃分成好幾個區，上頭標註字母和概念，旋轉同心圓時，就會產生新的組合和想法。布魯諾的記憶法，同時採用了盧爾的同心圓和羅馬人的象徵圖技術，這個系統非常複雜，是由數個同心圓所組成，同心圓標註以賦予加密資訊的字母、圖形和符號，將文字個別音節標上符號，然後將兩者集結成圖形，便能將文字以圖形的方式輸入記憶。例如，「Numero」（數字）這個字以地毯上公牛阿比斯的圖案來表示，音節、圖形、情節等則儲存在想像的記憶層上，每個層記憶層劃分為數十個區，「利用這種方式儲存的演講內容，能有一個小城的居民那麼多」[3]，布魯諾的傳記作者英格麗·D·者羅蘭（Ingrid D. Rowland）寫道。當然可能會有人質疑，這麼複雜又大費周章的心理技術雖然令人嘖嘖稱奇，但成果是否真能令人滿意呢？人類自然的記憶方式比「人工」記憶法簡單多了，自然記憶時，人會先回想事物本身，而非彼此相關的符號和字母圖案，但如果布魯諾只是死背資訊，這本書就不會用一整個章節的篇幅來談論他了，這種記憶法自然有他與眾不同的獨特之處。我們可以從布魯諾的記憶法，來了解布魯諾的思考模式，以及他如何理解出宇宙無窮無盡的概念。

布魯諾將這套記憶法當作平常的腦力練習，對他來說，一般記憶只有簡單的功能，但記憶法則能讓人性和精神持續發展，媲美能直立行走或學習閱讀的能力。人工記憶法是一種看待世界，並將對世界的印象進行有系統處理的方法，人類透過對該法的理解，不斷接收這個世界的相關資訊，讓這些資訊在沒有明顯意義和秩序的情況下，進入人的內心。人的理智在於能夠創造以及辨識秩序和和諧，記憶法則是有意識地善用理智的這些能力，方法在於透過自身想像力反映出世界的基本秩序，「就像是透過內在文字去呈現，大自然外在透過外在文字所形容的一切」[4]，哲學家黑格爾（Georg Wilhelm Friedrich Hegel）在其形容布魯諾的文章中這樣說道。人類可以透過其心靈的規則去理解大自然的基本和諧原則，因此對布魯諾來說，外在世界的種種資訊，並非分散又毫不相關的片段，世界上的萬物彼此之間都是有關連的，環環相扣，就像儲存記憶大師數據的同心圓一般。而個別的事物並非偶然緊鄰或重疊在一起，而是由於內在邏輯的因素而彼此相連，「就像手掌連手臂，小腿連大腿，或相較於個

3 Ingrid D. Rowland, Giordano Bruno: Philosopher/Heretic, Chicago 2009, S. 124.

4 D. Karl Ludwig Michelet (Hrsg.), Georg Wilhelm Friedrich Hegel's Vorlesungen über die Geschichte der Philosophie. Dritter Band, Berlin 1836, S. 16.

別分開來看，眼睛和頭部在一起比單看眼睛容易識別」[5]，布魯諾解釋道。此外，萬物無論是具體或抽象，在整體中都能歸納在包含無數內圈的一個大圓圈裡。布魯諾獨創記憶法那看似複雜的心靈建築工程，在理智的提點之下，變成了一種明智的簡化和有意義的秩序，布魯諾也以此論點反駁批判者認為此記憶法太過於複雜的批評。「大自然中的萬物彼此不同、矛盾、多樣，但它們在本質上都是相同、和諧且簡單的，」[6]布魯諾寫道。他建議讀者：「因此，如果你擁有這樣的能力，請試著將你感受到的現象和諧和統一化，如此一來，你將擁有用之不竭的能力，理智也會變得清澈明亮。」[7]

布魯諾明白，當人類心靈以正確方式接收資訊時，它的容量無限。同心圓的記憶層就是將這個原理體現在想像力之中，由此得出無窮盡的可能組合，讓布魯諾明白無限的真正意涵。當他放眼看世界時，這種無限就是他每天的體驗，也是大自然的一部份。他是個貫通情境的思想家。

一般思考模式的運作方式則不同，它是零散的，且容易迷失在零碎且受限的事實中，對零散式思考者而言，布魯諾處處看到的內在邏輯和連結，是完全陌生的領域。你可以測試看看自己屬於哪一種傾向，找個時間望向窗外，你或許會看到看似毫無相干的人、汽車、樹木、燈光、狗兒和紙屑。如果將專注力集中在某些特定細節，你的感受便會變得狹隘，就像攝影機的焦距，永遠只能聚焦在特定的小範圍裡。

當你的專注力聚焦在某細節時，便會忽略其他部分，但你還是可以拉大焦距，看到整體，但這時就無法聚焦在細節上。這就是原則，無所謂對錯，完全就和眼睛的運作原理相同。零散式思考和貫通情境式思考模式的差異，在於理智如何詮釋畫面。零散式思考模式容易受視覺矇騙，由於思考太專注於某細節，無法了解整個情境，因此會在不了解情況的條件下思考這個細節；它只看見零散的片段，便認為這個零散的片段就是真實。但布魯諾則不然，對他而言，細節就是整體，反之亦然，無論這個細節多大或多小，總一定還有更大的，來包含更小的，生命中所包含的無數細節不會混淆他，而是讓他明白浩瀚無窮的概念。他不時透過自己獨創的記憶法練習這種感受，或說該記憶法甚至影響了他的視覺感受。

他獨創的人工記憶法效果太過顯著，因此在他的修道院生活突然中斷時，此法甚至成為他謀生的主業。後來布魯諾在修道院待了好幾年都沒惹上麻煩事，但十年後，他似乎因為和一位年紀較長的修道士談話時，說了一些異端言論，招惹到修道院大主教多梅尼科·維

5 Rowland 2009, S. 125.
6 同上 S. 127.
7 同上

塔（Domenico Vita）。多梅尼科．維塔趁著布魯諾在羅馬時，叫人搜查他的房間，在他房間搜查未果，又搜查茅房，終於發現，布魯諾將一本德西德里烏斯．伊拉斯謨（Erasmus von Rotterdam）的書丟在茅房，這本書是宗教裁判所的禁書之一，於是布魯諾以異端邪說罪名遭到審問，他在道明會修道院的歲月也宣告結束。他為了逃避教廷的追捕無法回到故鄉拿坡里，宗教裁判不好惹，於是他離開修道院，開始他在歐洲的流浪生活。

沒有中心點、也沒有邊界的宇宙

布魯諾三十歲時曾有一個願景，這個願景就此決定了他的一生，他常說那是在夢境中看到的願景。他曾經夢到在一個世界的天空下醒來，那是一種很符合當代宇宙觀的普遍想法，天上星空是圍繞著世界的固定圓。他有些害怕，但不一會他鼓足勇氣，「我張開自信的翅膀進入了無限空間，我將別人只能費勁地從遠處觀望的一切遠遠拋在腦後。這裡沒有上下、沒有邊際，也沒有中心點。我看見太陽只是其中一顆星，而星星是其他的太陽，地球的旁邊還有地球。」[8]

布魯諾後來屢屢嘗試以文字描述他領悟到宇宙浩瀚無盡的剎那，每一次都是詩意滿盈的宣洩。他似乎無法以冷靜客觀的文字描述這份體驗，畢竟他屬於那種熱情澎湃的人，但他的感覺敏銳，能在事後為其直覺靈感找到邏輯論述，但不是針對某種觀點的哲學邏輯，而是與其記憶法同樣出類拔萃的思考模式。經過不斷重複練習獨創記憶法，為他帶來直覺性的突破，他利用想像力的結構，理解到空間的建構原理，並透過他思考模式的秩序，描繪出他在世界上體悟到的普遍性原則。他理解到，我們感受到的一切，無論是物件、動物或想法，都是以個別事物以及較大整體的一部份之形式存在。如果布魯諾活在現代，在他的哲學理念中或許會用「子整體」（Holen）這個概念來形容，這個概念是猶太裔英國作家阿瑟·庫斯勒（Arthur Koestler）的發明，「子整體」係指以獨立單元的形式存在，但同時也是較大全體的一部份。最簡單的例子是人體細胞，細胞可以獨立單元的形式運作，但它同時也是大規模有機體（即由無數細胞組成的身體）的一部份，而細胞本身又包含DNA、RNS、線粒體等許多小單元。

---

8 Zitat aus der Fernsehdokumentation *Cosmos. A Spacetime Odyssey* (Folge 1, 2014).

但我們也可以將這個概念應用在較大規模的層次上，可將太陽系視為一個單元，但它同時也是銀河系的一部份，而銀河系又是宇宙中無數星系的一部份，因此，世界上的每一種層次，皆可同時視為獨立組件和較大整體的一部份。布魯諾似乎與生俱來擁有能將萬物歸入這個定義的能力，他具備能同時理解部分和整體的能力，因此每當他看見一個事物，無論抽象或具體，他都知道，該事物絕不是一個毫無關連性的單獨事物。大事物由小事物組成，小事物由更小事物組成。

從一篇文章可看出布魯諾貫通情境式的思考模式，這篇文章是他描述關於他在家鄉諾拉的日常生活：「（梅爾庫爾）希望，布魯諾家位於奇卡拉山腳下的菜園裡能同時栽種三十棵香科植物，十七棵凋謝落入土裡，十五棵被菜蟲吃掉；亞班奇歐（Albenzio）的太太娜絲塔（Nasta）在捲燙鬢角的頭髮時，因為鐵製捲髮鉗太燙了，五十七根頭髮燒焦了，但還好沒燒到頭……；亞班奇歐的牛隻糞便裡爬出兩百五十隻糞蟲，亞班奇歐踩死了其中的十四隻，二十二隻鑽入洞裡逃掉了，八十隻逃到田裡，四十二隻為了活命，從門旁的樹幹下方逃掉了，十六隻到處蠕動，其他的則四散逃竄，各憑本事逃命。」[9]

布魯諾眼中的世界是由無數個同等重要的個體組成，捲在捲髮鉗裡的每根頭髮都有其重要性，萬物中存在著無限。

和我們不同的是，布魯諾在他有生之年無緣一睹太陽系的風采，但每當夜晚望向天空時，他知道，每顆星星是由許多部分組成，這些小部分又是由更小部分組成，而這顆星星本身又是較大整體的一部份。於是布魯諾逐漸形成無邊無際的概念，以及舊世界觀中認為圍繞宇宙的球形罩其實並沒有邊界。「因此，我們必須從自身的視覺感知中推斷出無限，因為萬物都是彼此相連的，我們的眼睛感受到的一切，並不會被自身限制。」[10]

這種思考肯定讓布魯諾欣喜若狂，「我們幾乎可以說，布魯諾是被空間灌醉的，或拿他自己的譬喻來說，他感覺自己就像從監獄釋放。」[11] 如果能理解他在甚麼樣的情況下產生了這些見解，就能理解他說這番話時的心境。我們現今在知識層面上至少已經習慣一個概念，即日常生活的這個宇宙空間是浩瀚無窮的，但我們必須去想像，這樣的知識對於一個生活在不知何謂「無限」（神的力量除外）的時代之人，代表著什麼意義。十六世紀的宇宙觀和人類社會一樣，有著階級制度的結構。托勒密的世界就像個沒有出口的籠子，難怪布魯諾會為之氣結，他的世界觀徹底粉碎了階級結構的思維方式，在浩瀚無窮的宇宙空間裡，地球不是

9 Giordano Bruno, Die Vertreibung der triumphierenden Bestie.
10 Harro Heuser, Unendlichkeiten. Nachrichten aus dem Grand Canyon des Geistes, Wiesbaden 2008, S. 175.
11 Vwadek P. Marciniak, Towards a History of consciousness. Space, Time, and Death, New York u. a. 2006, S. 192.

世界的中心，只是無數天體中的一個，這樣的概念不僅顛覆舊式世界觀，還對人類的角色，以及人類與神之間的關係產生質疑。

一五八三年，繼日內瓦、土魯斯和巴黎之後，布魯諾流浪到倫敦。在亨利三世的推薦下，他暫住在法國大使家，並開啟了與牛津的接觸。他希望能找到固定的工作，而他之前在巴黎時，曾有在大學任教的經驗，但他在牛津的授課最後也變成了一場災難，一方面是因為布魯諾在牛津的學生面前，為頗具爭議的哥白尼世界觀辯護，另一方面是因為布魯諾面對的是一群傲慢的英國學生，他們時常嘲笑這位體型不高的義大利人那種義大利腔和他戲劇性的肢體動作。有些學生甚至沒專注在聽他授課，且經常干擾他的談話，還有學生甚至斥責他剽竊其他作者的言論，布魯諾曾因此氣到返回大使家裡，這對他而言是個嚴重的攻訐，但這個挫折反而有利於他的寫作工作，他閉上嘴巴，全心投入寫作。他不僅將他對英國人的憤怒寫入詩句裡，對於自己的哲學想法也有更透徹的想法。牛津事件之後幾年，一五八四至一五九一年間，他完成了最重要的著作之一《論無限宇宙和世界》（*Über das Unendliche, das Universum und die Welten*），並以哲學觀點論證其宇宙觀，他貫通情境式的思考模式，得以讓他比前人和後人更能深入思考世界和宇宙。在他粉碎了世界有盡頭的舊有宇宙觀之後，他又繼續鑽研其他部分，最後又破除了宇宙有中心點的舊有想法。

當哥白尼主張太陽才是世界中心，而非地球時，他的「日心說」言論撼動了當時人們的傳統觀念，但大多數人不願意接受新理論，而那些願意接受新論點的人，卻無法理解哥白尼整體的論述，甚至連哥白尼自己也不清楚，其理論其實蘊含著比他所知道的還要多更多，至少他不敢公開表達這個看法。這位波蘭天文學家反而試圖要將他的新認知，硬擠入已普遍受到大眾接受的舊有世界觀中，於是在舊有宇宙觀的框架中，變成了地球不再固定在宇宙中心，而改換成了太陽，地球也不再是靜止不動，而是會自轉，且繞著太陽運轉。舊有宇宙觀的其他秩序仍然存在，因為哥白尼認為宇宙外圍由有固定行星，最外層有著球形罩包圍的想法是正確的。

布魯諾是哲學家，因此他不是根據模型和測量數據在思考。對他來說，生命無法透過計算來衡量，計算只是他用來推斷事實的一種依據，由此可知，布魯諾不僅是當時少數接受哥白尼理論的人，他也明白哥白尼這一大步代表的意義。但在原系統中，不能只改變中心點，其餘保留不變，中心點一旦改變，其他地方也要一併修正。如果地球不是宇宙的中心，那為什麼太陽就是中心點呢？為什麼宇宙一定要有個中心點呢？就像他小時候從奇卡拉山望向遠方時所理解的，中心點都是相對的。想要了解宇宙，就不能從相對的角度來觀察它，必須從整體的角度觀之。布魯諾去除宇宙中心點的觀點甚至連哥白尼也嚇到了：「在浩瀚無窮的空間裡，無所謂的圓周，無處不是中心點。」[12]

布魯諾將哥白尼的日心說原理擴展到所有行星，即宇宙中並沒有所有天體圍繞著它運行的唯一中心點，而是每顆行星都是一個太陽，同時也是自身太陽系的一部份。布魯諾也將哥白尼發現地球自轉以及繞著太陽運轉的理論加以發揚光大，他主張就連太陽也會自轉，而根據我們現今所知，他的理論是正確的，由此可知，布魯諾的宇宙觀與托勒密的世界觀截然不同，托勒密的宇宙模型是靜態、有明確邊界、以地球為中心的空間，宇宙最外圍有固定行星；但布魯諾的宇宙是動態、浩瀚無窮、沒有中心點。他認為宇宙是由無數行星組成的，而每個行星本身就像萬物一樣，是由無數原子組成，因此，宇宙中不只有一個世界，而是存在無數個世界。這項原則也適用於地球上的生物，每一個生物都擁有無數個部分和細節，無論是靜態或固態，萬物事實上都是無數個部分組成，如果想要探究到每個元素的最小部分，那是不可能的，因為這是無止盡的，凡可計量的萬物都是由更小部分所組成。

布魯諾並非提出宇宙無盡說、原子或無數世界理論的第一人，也不是認同地球非宇宙中心點的第一人。但藉由布魯諾貫通情境式的思考模式，才得以讓這些片段拼湊成以現今角度來看，非常現代化的整體宇宙觀。

自我中心的宇宙

我們感受世界的方式有些不尋常，對於宇宙中行星角色的認知，和我們感受世界的方式不一樣。想像一下，你晚上在海邊散步，看著大海，波浪綿延至海平線，海平線後看起來就像盡頭，只有海水，我們的祖先認為地球是平的，天空在水面上漂流，但身為現代人，我們當然知道這個想法是錯誤的，水的表面是彎曲的，會隨著地球曲度變化。如果你在落日時分散步，還會感受到更多感官上的錯覺，會看到火紅的太陽看似落到水平面下方，我們稱之為「日落」的景象。

這個詞彙我們還一直使用，不是很奇怪嗎？那是從人們以為地球是宇宙中心時期留下來的詞彙。現在我們當然都知道，太陽不是真的落下，我們之所以看不見太陽，是因為地球自轉，身處在地球上的觀察者也會跟著自轉，我們知道這個自然現象，但感覺不到轉動的跡象。就像宇宙學家布賴恩・斯威姆（Brian Swimme）在其著作《宇宙隱藏的心》（*The Hidden Heart of The Kosmos*）中所述，我們大多數人感受到的落日，和中古世紀時代及石器

---

[12] Giordano Bruno, Das Unermeßliche und Unzählbare. I. und II. Buch (De immenso et innumerabilis), übersetzt von Erika Rojas, Meißenberg 1999, S. 112.

時代的人所感受到的，是同一個落日。那「正是自七千萬年前有人類足跡以來，每個時期人類感受到的同一個落日」[13]，斯威姆寫道。這七千萬年間，我們對於灼熱的火球消失在海平面上的體驗未曾改變。我們了解，是因為地球自轉的緣故，所以地球上的人看不見太陽，就算日出日落，但我們還是感覺自己站在一個固定點上，是太陽在繞著我們運轉。在哥白尼之後的四百年來，我們對大自然的感受仍然深受地心說的影響，從某個角度來看，與布魯諾時期那些反日心說，且不願相信宇宙是浩瀚無窮的人相比，基本上我們並沒有比較進步。我們認同日心說和宇宙浩瀚無窮的理論，而且可藉由先進的技術，清楚看見海平面上的大自然變化，甚至能夠親自到達該處，也能看見從外太空俯瞰地球的照片。但這一切並沒有改變我們對生命的看法，也沒有為我們帶來改變全體人類日常生活的意識，因為大多數人的思考模式還是認為「有落日」，就像十六世紀反日心說，和反地球自轉與繞行太陽運轉的想法。

如果現在隨便在路上找個人，問他對宇宙的想法，他們可能會回答「這我沒興趣」或「那對我的生活不重要」。這些回答似乎也很正常，是啊，如果自己的生活已經夠麻煩的了，那麼了解宇宙這種浩大又複雜的事物，又有什麼用？但同時這樣的答案也非常荒謬，因為它隱含著地球似乎與宇宙脫鉤的想法，這又是感覺上的問題了，畢竟我們看不見宇宙空間，無論是早上出門、買麵包或工作時，都只看見在地球上的生活，但布魯諾不然，他認為地球和宇宙不是分離的，就像個人與宇宙之間也不是分離的一般。「一個人就是一個世界，一個個體就是一個宇宙」[14]，他寫道。如果以整體來看，他說的完全正確，而「完全獨立的生命」這樣的想法是錯誤的，因為每個人都與無數的關係相連結。以這個意義來看，「宇宙」只是一個代表最大（且非常真實）情境的名詞。

我們生活在一個任何嚴肅的真理都必須經得起科學檢驗的時代，但儘管如此，我們卻不曾認真地看待科學，從人類在宇宙中的角色了解實際後果，這不是很有趣嗎？也因此我們思考生命和世界的標準逐漸扭曲，個人的感受和事實有如天壤之別。當我們晚間坐在沙灘上，看著火紅的天空，這樣的落日景象是十分個人的體驗，但我們忘了自己是浩瀚空間中一個前所未有運動的見證人，也忘了自己在這時刻自由地站在這空間裡，站在虛無中旋轉球體上。我們忘了地球和太陽都不在宇宙的中心點上，仍認為自我是一切存在的中心點，而這個星球上數十億人不斷分享這個看法，但這個認知卻也沒阻止我們認為自己是中心角色，我們看到的一切，都僅是與我有關係的存在。世界是個舞台，我們在這個舞台上扮演主角，其他人都

13 Brian Swimme, The Hidden Heart of the Cosmos. Humanity and the New Story, Maryknoll 22000, S. 23.

14 Zitiert nach Fred B. Stern, Giordano Bruno: Vision einer Weltsicht, Meisenheim am Glan 1977.

只是在和我們演對角戲，或只是陪襯背景的配角。

這種自我中心的想法從播報災難新聞時即可看出端倪，像是德國主播一定會報導有多少死者是德國人，這類細節上的處理，說明新聞對德國觀眾有完全不同且個人的作用，無論他們是德國人、法國人還是中國人，雖然觀眾根本不認識死者，但如果有死者是德國人，就形成了與宇宙之間的關連，因為觀眾認為自己是宇宙的中心。這種現象稱之為自我中心或自戀，但我們也無須對此做出任何道德評斷。赤裸裸的事實是，生活中每個中心都是相對的，理智上也可以理解，但要因此改變自己的看法，卻不是那麼容易。

我們的思考是片段式的，且以自我為中心，因為我們無法想像一個無絕對中心點的存在，或許我們也不願意這麼想，因為這樣的思想會帶來截然不同的問題，也就是在我們對自己的認知下，沒有中心點的生命要如何成為一個個體？許多徵象顯示，我們之所以習慣於自我中心式的思考，是因為我們不知道，沒有了中心點，該以何處為支撐點。道格拉斯．亞當斯（Douglas Adams）在其小說《宇宙盡頭的餐廳》（*Das Restaurant am Ende des Universums*）中寫道，「那裡最嚴厲的處罰就是『透視漩渦』，當你陷入漩渦時，感覺就像匆匆望進無可想像的無限之中，裡面依稀可見一個小小的箭頭，指向一個小點，上頭寫著，『這就是你。』」[15]

布魯諾最重要的特性之一，就是他不怕「透視漩渦」，他可以生活在沒有中心點、也沒有邊界的宇宙，因為他不需要靠這些東西來得到安全感。他以廣泛與全面的情境，取代固定的中心點，所以他不會因為在哥白尼的發現中看到另一種想法而退縮。此外，他非常不相信數學計算和天文模型的說服力，也不信任自然科學，他不是質疑計算和模型的必要性，而是不相信這些東西的發明者有能力理解他們自己的理論或發現的意義。就像他曾提出的批評，他認為「哥白尼把數學概念與物質現實搞混了。」[16]但要了解理論的意義，是哲學家的事，而非科學家，這正是現今一般思考模式屢屢失敗之處，即這種思考模式總是看不見研究結果與自身人生之間的關連，因此，我們總還是覺得太陽是「落」到海平面以下。

布魯諾在其哲學中做到了斯威姆所要求的，也就是他沒把哥白尼所提出的新宇宙觀留在抽象理論中，而是接受它，讓它成為日常生活中的現實。斯威姆鼓勵我們要形成一種意識，不要讓我們對宇宙的知識停留在純理論之中，而是要將它與自己整合，形成一個現實的新視角。「不斷追求宇宙相關的更多事實和新知是不夠的，而是應該探究更深層、更艱深的層面……科學能引導出不屬於我們從前人繼承到的真理，因此這些真理通常是陌生又不自然

---

15 Douglas Adams, Das Restaurant am Ende des Universums (Per Anhalter durch die Galaxis, Band 2), München 1998, S. 76.

16 Hillary Gatti, Giordano Bruno and Renaissance Science, Ithaca (NY) u. a. 1999, S. 83.

的。但如果這些真理僅被當成抽象的概念而置之不理，我們勢必會形成分裂的存在，這時必須要有一個轉換過程，讓我們學習用同一種方式去看，以及去感受與真實相符合的世界。透過這樣的轉換，可以超越分裂的現代表達法，所謂分裂的現代表達法，就是我們以特定方式感受世界，但同時又知道真實世界和我們感受到的完全是另一回事。」[17]

即使你對天文學和宇宙論不感興趣，但若能明白我們對世界的直接經驗是感官錯覺，也不是件壞事。我們如果只相信眼睛看到的，就等同於活在石器時代的世界觀裡，但我們也能和布魯諾一樣，善用我們對宇宙的知識，感受完全不同的真實生活。「不足的感官知覺無法反映出無限」[18]，布魯諾寫道。這種看法會讓人有種解放和自由的感覺，即永遠居於世界的中心，挺累人的。我們可以說，布魯諾的觀點不以自我為中心，而是以宇宙為中心。

如何騎乘宇宙巨鯨

布魯諾的人生最後以慘烈的方式劃下句點，他於一六〇〇年在羅馬鮮花廣場被處以火刑。天主教會發現布魯諾的思維方式不符合天主教想要傳達的世界觀和神的形象，此外，布魯諾還經常對他們的教義發表輕蔑言論，聽說在前往執行火刑場的一路上，他們為了不讓布魯諾在人群前發言，竟然將他的舌頭綁起來。布魯諾處以死刑兩天後，羅馬到處可見四處發散的傳單，上頭寫著：「他是個頑劣的異端份子，憑藉自身的直覺，發表許多言論反對我們的信仰。他的思想太過直拗，願意為此受死。」事實上，教廷給過布魯諾機會，讓他收回他的理論，而布魯諾在經過將近八年慘無人道的監禁歲月後，他身心俱疲，但仍堅持自己的想法，他也早就預料到這一天早晚會來。他在早期創作的一首詩中自喻為伊卡魯斯（**Ikarus**）：

> 「痛啊，痛啊！大膽冒險後隨之而來的懲罰／我不怕墜落，我在高空大喊／往上，穿越穹頂！平和地死去／你將受頒至高無上的死亡！」[19]

---

17 Swimme 2000, S. 24.

18 Giordano Bruno, Zwiegespräche vom unendlichen All und den Welten. Verdeutscht und erläutert von Ludwig Kuhlenbeck, Berlin 1895, S. 10.

19 Zitiert nach Ludwig Kuhlenbeck, Bruno, der Märtyrer der neuen Weltanschauung. Sein Leben, seine Lehre und sein Tod auf dem Scheiterhaufen, Leipzig 1899.

布魯諾終其一生都在思考宇宙本身，以及科學對宇宙認知的意義。他主張宇宙中有無數其他世界存在的看法，對天主教來說就是異端邪說，而天主教教會是個非常以自我中心思考的機構，他們所有教義都基於此思考模式形成的，即創世紀中地球的中心角色、人類的特殊角色、存在於天堂那唯一全能的神等。布魯諾擔任修道士時，他就對這些想法有意見，後來他在歐洲流浪時，他也一樣對它們不屑一顧，他也不認同天主教的信仰，對他而言，這是他理解真實宇宙後的必然結果。如他所了解的，如果我們的地球只是無數世界其中之一，那麼整個天主教的創世說、被天堂驅逐和救贖就只是宇宙中無數歷史中其中之一，而存在於創世之外那個人格化的神，如亞里斯多德所稱「不動的原動者」就不可能存在；而植物、動物和人類之間沒有質的區別，只有程度上的區別。布魯諾就連聖人和耶穌基督這樣的特殊角色也推翻了。

正當德國天文學家約翰尼斯．克卜勒（Johannes Kepler）還在研究無限的神，與有限的創造之間的區別時，布魯諾已經理解了宇宙的無限。世界上沒有從天堂來到塵世的神之子，因為宇宙中根本沒有所謂天外的天堂，神和世界之間並無區別，德國哲學家亞瑟．叔本華（Arthur Schopenhauer）稱這種觀點為「有禮貌的無神論」，但布魯諾既沒禮貌，常以辛辣嘲諷的口吻嘲弄當代人和教會的愚蠢，也不是無神論者。在人生最後幾年，他希望破除所有的形而上學，但他並非主張純粹的物質或機械性的宇宙，布魯諾也不主張所謂物質與精神、直覺和理性的二元論，他所謂的神就是後來人們所稱的「自然法則」。神「不是數值法則、測量法則或制度的主體，祂本身就是法則、數字、標準、無邊界的極限、無止盡的結束、無形體的行為」[20]，布魯諾在其《論無限宇宙和世界》中解釋道。他的宇宙中，沒有超自然的存在。

某種程度上，布魯諾已經提前理解了尼采於數世紀後所稱的「上帝已死」概念。雖然布魯諾相信一個神聖的原則，即萬物具備物質與精神的原則，但他完全無法接受有外部上帝存在的想法，因為他徹底反宗教。和尼采一樣，布魯諾明白，外部上帝已死代表人類必須承擔新的責任，如果人將所有可能性全數仰賴外部的力量，就無法將世界委任給自己。布魯諾將「善」視為一種滿盈在宇宙間的神聖質量，但它無法干預世界運行，人類如果想要看見世界上的「善」，就必須身體力行。

讓我們再深入窺看布魯諾貫通情境式的思考模式。在一個宇宙空間裡，一根頭髮和一隻甲蟲擁有和人類以及星球相同的重要性，這樣的宇宙在一定意義上代表著一種道德標準，

20 Zitiert nach Frances A. Yates, Gedächtnis und Erinnern. Mnemonik von Aristoteles bis Shakespeare, Weinheim 1991.

那就是對宇宙萬物的接受和尊重。布魯諾在其著作《驅逐趾高氣揚的野獸》（*Die Vertreibung der triumphierenden Bestie*）中描述了一個理想的社會型態，即將個人的福利與公共福利同等視之的社會。

當人明白個人不再是自身宇宙的中心，也了解其在微觀和宏觀層面上與各方的關連時，一定也會知道，人無法離群索居。只依循自己利益的人生，以道德角度來看，並不是「錯誤」，但卻是不切實際的。只有零散式思考會認為沒有關連性的個人存在是真實的，也只有片段式思考的人，在二十一世紀的現在還會希冀於「來自外在的救贖」。

在某種程度上，這方面我們的想法還很原始，雖然我們自認為自己與布魯諾時代那些虔誠的人相比先進得多，但其實跟他們沒什麼兩樣。不再將希望寄託在外在的救贖，並非人類跨出的一小步，但老實說，我們仍然頑固地期待外在救贖，即便我們當下並不期待外太空有個控制一切的至高無上的神，但大多數人還是認為外在擁有一股控制萬物的力量，例如科學。這裡面當然帶有相當程度的諷刺，畢竟理性的人往往自稱，不需要仰賴虔誠教徒追求的那份安慰和確定，但我們只能說，相信研究學者能夠解決所有問題，同樣也是不理智的行為。

如果你不想將宇宙當作純粹理論觀點，而是想看到它最真實的面貌，可以試試宇宙學家布賴恩・斯威姆的思考試驗。約略記住某一太陽系的模型，然後找一天黃昏出門，大約是日落前半小時。這時候將專注力放在快落到地平面的維納斯金星（維納斯金星通常是天空中最明亮的行星，所以很容易識別）。當你看著金星時，同時也別忘了你記得的那個太陽系模型，透過模型的協助來了解行星之間的位置，金星最靠近太陽，距離太陽一億〇八百二十萬公里，其次是地球，距離太陽一億四千九百六十萬公里，最後是木星，距離太陽七億七千八百五十萬公里。「方法很簡單，你只要專注在感受上，並透過太陽系的理論模型去觀察你的體驗，就會有驚喜出現。能夠透過一種可體驗、可想像和直接的方式感覺地球逐漸轉離太陽，感受到軌道的痕跡，行星在軌道上緩緩地移動，你甚至開始意識到地球與金星之間的遙遠距離。當地球轉離太陽時，或許是你有生以來第一次意識到地球的龐大。緊接著你可能被嚇得毛骨悚然，因為你突然意識到自己彷彿站在宇宙巨鯨的背上，它龐大的體積，從無形的海洋表面中緩緩升起。」[21]

[21] Swimme 2000, S. 27.

後記

現在我們明白了十位頂尖人物的思考模式，同時也努力擷取出這些人物們獨特且特殊的精神策略，亦即他們的思考模式與眾不同之處。我們也在他們身上收集到一些寶藏，例如似是而非的思考模式、有機思維或啟迪思維。

對每位讀者而言，他們每一位思想家的思考模式，都是獨特的發現之旅，每一個發現之旅都能為我們開啟全新的世界。本書即將畫上句點，但這裡還有一個很重要的問題要問各位，這些思考模式彼此之間究竟有多大的差別？這裡真的有十種完全獨特的思維方式嗎？或者這十種之間具有一種關連性呢？或者其實它們都源自於同一個基礎呢？

既然我們都已經閱讀至此，不妨馬上再提出更大膽的問題，或許我們可以說其實只有一種突破科學和哲學的獨特基本思考結構？如果答案是肯定的，那麼我們在這些思想家身上發現的那些差異性其實只不過是些微差異，像是用不同食材製作同一道食譜？而這些思想家的思考模式之間，並無基本且明確的差異。

這兩個問題，或說這兩個瘋狂猜測的答案，對已經閱讀到本書尾聲的我們而言，當然絕對是「肯定」的。

越仔細探究本書主角的思考模式，越難明確區分他們之間的差異。他們不時會有重疊和混合之處，對於這樣的發現我們也訝異萬分，有時候我們還必須在這些人物的思維區塊之間刻意畫出界線，偶而還必須適度克制，才不至於經常引用到其他章節的內容。沒錯，或許有些讀者老早就發現，尼采和達爾文、布魯諾和愛因斯坦、麥克林托克和蘇格拉底之間明確的差異，是從外部閱讀了他們的自傳和發現以後才出現的。但如果我們從內部仔細探究他們的思考模式，也就是進入他們的精神世界，就會馬上發現很難分辨誰究竟是誰了。

針對這一點，我們來做個小小試驗，大家就會更明白。閱讀完本書後，想必大家對每位思想家都已經有了明確的印象。請試著將下列陳述與書中主角進行配對：

「他／她從小就很聰明，但他／她的缺點是：他們沈默寡言！」

「觀察是他／她理解萬物最重要的關鍵……他／她無法明確地說明，他／她如何得知他／她所知道的事物。」

「同學們都對他／她的行為印象深刻：同學們下課或午餐時聚在一起聊天嬉鬧時，他／她總是雙手在背後交握……一個人在操場上陷入沈思。」

〔答案請參考本章最後一頁〕

看吧，這三個陳述幾乎適用於本書中的每一位大人物，而這只是少數幾個範例，我們還能隨時增加。雖然這樣的發現讓我們覺得有點不好意思，但再仔細想想，或許我們可以將它視為一項利多，因為現在我們可以找出所有偉大思想家都具備的常數和特性，可以把思想想像成一個建築設計圖，一種有利於鑽研哲學和科學領域的精神設計圖。我們想在本書尾聲，與各位一起探討這些偉大思想家都具備的共通特性。我們以下說明的每一種特色至少符合本書的七位思想家，當然還有其他許多不在本書之列的優秀思想家。

獨行俠和觀察者

這應該是本書所有思想家最明顯的特性，即強烈的個人特色。但這不僅表示他們是意志堅強且有獨立思想的人，他們自小就和眾人的想法不同，甚至與朋友和精神上志同道合的同好，也有截然不同的想法。他們是一匹孤狼，從不覺得自己屬於某個特定結構或固定框架；他們習慣獨立思考，從不依賴團隊或群體意見；對於眾人爭相蜂擁研究的領域，他們為之卻步，只想當個不受干擾、脫離現實生活的觀察者；他們在童年時期就習慣獨來獨往，時常以直覺思考，不諳世事，所以常有人會認為他們缺乏情感或不盡人情。

他們不屬於任何地方，不會特別認同他們的出生、宗教或國家，本書所選的大多數思想家都不認為自己屬於某個特定族群，他們大多認同自己是世界公民。

他們具有叛逆性格，不認為必須服從傳統或臣服於權威，他們唯一接受的必盡義務就是自由思考，也是他們最重視的價值，此外，他們認為凡事都要按照自己的方式進行，例如，他們總是選擇富有創意的方法。他們無法忍受思想受到他人限制，常給人自命不凡和魯莽的印象。即使在眾人普遍不看好他們的時候，這些特性讓他們始終能堅持目標，保持強大的抗壓性。

他們因這種強烈個人特色被稱「永遠的觀察者」，在精神上對於世界和同儕的日常經驗完全不感興趣，習慣當個「局外人」，因此，許多人會覺得對他們很陌生，甚至連他們身邊親近的人也常有這種感覺。這份疏離感讓他們保有客觀且廣泛性的看法，對事物看得更透徹。

不固守成規和有實驗家的精神

本書的思想家對於其專業領域中的傳統，和約定俗成的知識抱持著矛盾態度，他們一方面受過極高教育，博學多聞，另一方面他們也不會讓既定事實阻礙研究工作。

純機械式的學習對他們而言是夢魘，他們大多採取排斥態度，拒絕所有填鴨式的學習方式。他們會將既有知識變成自己的，但僅用來作為自身創意思考的平台，而非參考或確實的論述依據。

這些偉大的思想家在其專業領域中也絲毫不對傳統妥協，扮演局外人的角色。既有的規範對他們而言，沒有遵守的必要性，那是他們無拘無束的一面，必要時，他們會勇敢擺脫過去和歷史的束縛，追求自由。因此，當別人對某些看法深信不疑時，他們卻已經大膽地拒絕了它們。

他們無法滿足於現有的「真理」，不僅拒絕傳統的知識，也常出人意表地反駁自己提出的看法或理論，且這些看法和理論通常已受到他人的認同和讚許。他們認為自己對真理有責任，一旦真理不再是真理，也能毅然地捨棄多年研究的成果。

由於他們不斷地追求新知，不會停留在他們既知的事物上，因此可能衝入極度不確定和未知的精神和生命領域。他們會勇敢地嘗試各種思考實驗，直至腳底下的地板陷落，直接陷入混沌之中。

實驗精神和想像力是他們的動力，讓他們能在高空展翅飛翔，遠離能提供普遍認同的看法和認知，這樣的穩定基礎。他們的直覺常會遇到荒謬的原則，當他們再度回到地面上後，便會為這些原則找尋邏輯和線性的證明。他們習慣由上而下的思考模式，即先有願景，然後才是觀察和證明。

由於他們沒有固定的世界觀，便能不時用全新的角度看待事物。別人視為理所當然的事物，他們會以近乎天真的看法、好奇和驚喜的眼光觀察，因此他們能專注於細節，進而認知到其創新的潛能。這些細節雖然也落入其他人的視線內，但他們卻視而不見，這種看透事物的能力，也讓他們看見至今未被發掘的新知，其他人的思考模式則會因為這些知識與既有的知識不相符，而自動跳過，或不想看到這些未開發的知識。

快速和跨語言的思考模式

除了已經描述過的局外人思考模式，這裡再加上另一個特色，即書中思想家的思維方式不僅在社會結構和傳統知識之外，而且還在語言之外。當他們有所認知時，通常不是在語言中思考，而是會先得到認知，然後再將該認知以一般語言表達出來。言語思考之前，大多會先有一種願景式或感官式的精神活動。我們可以說，這些思想家先是運用了他們精神的某一部分或某一能力，逐步接近他們研究的物件，但這種感受方式，與我們平常習慣採取的逐步線性考量完全無關。

大多數思想家甚至會稱這種程序為「無意識」，因為那也發生在他們未知的內在理解領域上，且突然間變成了認知。在無意識過程中，也逐漸形成一種考量，但最終有意識感受到的結果，並非以簡單的腦力認知型態出現，而是瞬間暴發出一股身心靈都能感受到的欣喜若狂，而後才會出現言語的思考，將這個看法進行歸類和分類。

這種思考模式，會讓其他人認為這種人的思考極端快速，很難跟上他們的速度，因為他們似乎能直接看到問題和解決方案，並立即直搗事物核心。

客觀、普遍化和統一的思考模式

偉大的思想家不理會日常生活中的小事，漢娜．鄂蘭《精神生活》（Vom Leben des Geistes）這個書名取得很好。她認為，漫遊在精神生活，比觀察自己真實的物理存在更令人著迷，她生活在精神世界裡，對她來說那是一個豐饒之地。

他們偏好探究客觀、獨特的重大生命議題。偉大的古印度思想家釋迦牟尼，或俗稱的「佛祖」，就是個很好的例子。他在兩千六百年前提出的問題就已經不是：「如何快樂？」，而是直接挑戰更大的問題，諸如「人類苦難的源由是什麼？」偉大的思想家會將問題普遍化，直至能涵蓋全人類或甚至所有存在的萬物。對這些思想家而言，這樣做十分自然且不費力，因為他們從不認為生命是純粹個人的事務，他們關心的是生命本身。

和許多科學家和發現者不一樣的是，他們不僅是專家、不僅深入某一特定的研究領域，他們的目標是以有如鳥瞰的全視野角度觀察生命，以獲得全覽式的概念，也可說是一種高度發展的思考模式。相較於只專注於自己生活的一般思維方式，思想家們考量的情境自然截然不同。

他們探究大多數人不大重視的普遍性問題，諸如宇宙法則和基本原則等問題。他們想要找出普遍通用的模式，而不是片段式的答案，就像是結合了想要了解人類心理全貌的佛洛依德，和試圖了解一個世界公式的愛因斯坦，而最重要的就是探究全貌。

他們的內在有股強烈動力，驅使他們匯聚所有資訊，直至他們不僅了解每個個別元素，也洞悉了整體系統。有兩位未在本書之列的偉大思想家，便是這方面的箇中好手，即英國物理學家史蒂芬．霍金（Stephen Hawking）和美國哲學家肯恩．威爾柏（Ken Wilber），他們都稱各自的領域為「整合式理論」，亦即能夠解釋一切的系統。

無限的熱情

這些偉大思想家的生命中，只有一個讓他們心悅臣服的想法，那就是他們對事物的無比熱情。熱情讓他們一頭栽進浩瀚的學海之中，讓他們孜孜不倦地勇往直前，將自己的生活視為次要。他們無可救藥地專注在他們研究的議題上，即使毫無所穫，也願意繼續堅持下去。他們其中有幾個人生活經常陷入財務窘境，像是麥克林托克和尼采，就連蘇格拉底也過著非常拮据的生活（他常赤腳到處亂跑）。如居禮夫人（Marie Curie）所述，這些人太專注於他們的研究議題，彷彿生活在夢境中，眼中看不見其他的一切。他們熱愛自己所做的一切，為自己所做的活著、呼吸著。

遇到關鍵問題，百思不解時，他們只能緊抓著不放，彷彿這些問題是有生命的，是它們緊緊地抓住思想家不放。這種與問題纏鬥的時光，可能要歷經好幾年，甚至好幾十年，每天二十四小時，且最後可能會毫無所穫，就像我們在愛因斯坦身上看到的，他最終還是無法實現他最大的抱負，即成功發展出「統一場理論」。只有死亡才能將他們與畢生追求的生命議題分離。

熱情讓他們擁有非凡的毅力，即便在最嚴峻的條件下，不管是重病、生活流離失所或甚至在戰亂中，他們仍能不為所動地繼續研究下去。想要完成思考的重責大任，他們必須克服所有外在條件產生的障礙，同時在精神上永遠保持清醒狀態，有如暴風雨中的一盞明燈。當他們身心俱疲時，才會有死亡的念頭。但無論是弗洛伊德或尼采，他們驚人的自律，就是源自於他們強烈的求知慾望。

他們的感官世界亦然，常認為那是「單純個人的事情」，無論情感上有多麼痛苦，完全不會影響到他們的求知生活。一切都是求知慾在主導，而非情感，他們常將情緒束之高閣，以便能夠更專注於思考。

與大自然和宇宙的親密關係

美國心理分析師菲利斯·格里納克（Phyllis Greenacre）長期研究藝術家的創意現象，有了以下發現。天賦極高的人，童年時期常有強烈的情感感受、看法或記憶，他們「與世界之間有種類似戀愛的情愫」。其特殊的敏感讓他們與大自然之間產生一種，與人類之間相同的連結，或甚至能取代人際關係。這和我們在此觀察到的現象不謀而合，本書的思想家大都與大自然／宇宙保持一種強烈且親密的關係，這種關係甚至比他們與其他人之間的關係更為強烈。

本書十位思想家中有六位，在我們研究他們的認知過程中，發現了極其神祕的現象。他們六人皆視生命為單一的現象、一個整體，他們也認為萬物的答案來自於整體。但每個人都有個別經驗，與現有神祕或宗教結構無關，愛因斯坦一針見血地稱之「宇宙宗教感」。

最後一個特殊觀點是，十位思想家中有六位認為他們的生命是有使命的，這樣才會讓他們的工作變得更有意義。令人驚訝的是，他們都曾在人生的某個時刻，感覺到已經完成了使命。這種感覺似乎能激勵他們努力往前，在完成使命以後，才能平靜地死去。

日常生活中的「創意」思考

讓我們重新來檢視一下本書一開始提出的問題：我們能從這些獨特的思考模式中學習到什麼？這些思維模式是否太特立獨行？是否我們只能遠觀讚嘆，卻無法如法炮製？

我們一開始就洩漏了答案是肯定的，但我們不能不提兩個重要的限制因素。第一，這些思想家擁有極端的熱情和內在驅動力，是我們無法說複製就複製，或說我們根本也不想如法炮製；第二，這些思想家最重要的性格特點，是完全的精神自由和自主。自由的靈魂是無拘無束的，他們堅持走自己的路，這種特性也不容易複製。

但儘管如此，我們還是想要重申本書開場時的論述。如果我們都明白，這裡談的不是什麼具體和特別的思維機制，而是一般的思考模式，只是每位思想家增加了自己不同的特性，那麼我們就能將這種思考模式視為一種發展潛能。我們的思考，亦即我們的大腦就能往這個方向發展。這些偉大思想家就是這種發展的先驅，達文西的傳記作者暨神經病學研究者倫納德．史萊因，對此深信不疑。

我們至少可以從這些偉大思想家的身上學習到，人應該有勇氣實現思考的實驗，或是讓他們的想像力自由自在地奔馳。至少親自嘗試刻意讓自己的思考往上述幾點接近，或許能讓我們的理智習慣，進而讓這些特性自然內化成我們自己的，就像在我們的心靈和大腦中鋪上新路線。這並非不切實際，近年來醫學研究已經證實，人類大腦是有彈性的，會根據其應用程度適當地調整。

例如，你可以不時採取超然的觀察態度，凡事不要太早下評斷，而是以局外人的角度觀察事物。可以先從觀察日常生活中的事物開始，忘記你已經看過這些事物好幾百次的記憶，就像漢娜．鄂蘭就曾以充滿好奇和驚嘆的角度，為她自己的手寫了一首詩。大膽且勇敢地質疑你的每一個固定思考習慣和考量，就像達文西嘗試每一種可能的角度和看法一樣，不斷地來回思考普遍性問題，也是很好的思維訓練，亦即遠眺自己生命的地平線。大家都以為這種思考角度是哲學家的強項，因為他們的生活似乎與職場的煩惱或擾人的孩子無關，但這麼想就錯了。我們如果能學會放大自己的視角，日常生活反而會變得更輕鬆，因為生活上的小事瞬間就變得不再那麼重要了，日常生活的情境也頓時明朗化，你的眼光會看得更遠，甚至對那些沒有最終答案的重要生命議題，也能專注地研究個老半天。現在，你肯定也有勇氣嘗試更多思考實驗，運用更多想像力，沈浸在層層抽絲剝繭的思考樂趣之中，有時候我們也要學會捨棄那些看似確定無誤的事實，才能以全新的角度看待問題。如果你願意和愛因斯坦一樣，花點時間讓自己真正陷入沈思之中，或許你還能和「世界、大自然或甚至宇宙談場轟轟烈烈的戀愛」。

但最重要的是，你要相信自己的求知慾不會遭到任何事物所阻擋，也要相信你可以擁有全新的思考模式。因為我們肯定能從偉大思想家身上偷學到的就是：我們的思想，是絕對自由的。

〔第三〇七頁的陳述描述的是（依順序）：愛因斯坦、芭芭拉・麥克林托克、漢娜・鄂蘭〕

國家圖書館出版品預行編目（CIP）資料

拒絕理所當然的思考／泰瑞莎．包爾萊茵（Theresa Bäuerlein）、沙伊．圖巴利（Shai Tubali）著；張淑惠、李雪媛譯. -- 初版. -- 臺北市：商周出版：家庭傳媒城邦分公司發行, 民105.11
面；　公分
譯自：Denken wie Einstein
ISBN 978-986-477-146-2（平裝）
1. 思考
176.4　　105021105

新商業周刊叢書 BW0613

拒絕理所當然的思考

原　書　名／Denken wie Einstein
作　　　者／泰瑞莎．包爾萊茵（Theresa Bäuerlein）
　　　　　　沙伊．圖巴利（Shai Tubali）
譯　　　者／張淑惠、李雪媛
企 劃 選 書／黃鈺雯
責 任 編 輯／簡伯儒
版　　　權／黃淑敏
行 銷 業 務／石一志、張倚禎

總　編　輯／陳美靜
總　經　理／彭之琬
發　行　人／何飛鵬
法 律 顧 問／台英國際商務法律事務所　羅明通律師
出　　　版／商周出版
　　　　　　臺北市104民生東路二段141號9樓
　　　　　　電話：(02) 2500-7008　傳真：(02) 2500-7759
　　　　　　E-mail: bwp.service @ cite.com.tw
發　　　行／英屬蓋曼群島商家庭傳媒股份有限公司　城邦分公司
　　　　　　臺北市104民生東路二段141號2樓
　　　　　　讀者服務專線：0800-020-299　24小時傳真服務：(02) 2517-0999
　　　　　　讀者服務信箱E-mail: cs@cite.com.tw
　　　　　　劃撥帳號：19833503　戶名：英屬蓋曼群島商家庭傳媒股份有限公司城邦分公司
訂 購 服 務／書虫股份有限公司客服專線：(02) 2500-7718；2500-7719
　　　　　　服務時間：週一至週五上午09:30-12:00；下午13:30-17:00
　　　　　　24小時傳真專線：(02) 2500-1990；2500-1991
　　　　　　劃撥帳號：19863813　戶名：書虫股份有限公司
　　　　　　E-mail: service@readingclub.com.tw
香港發行所／城邦（香港）出版集團有限公司
　　　　　　香港灣仔駱克道193號東超商業中心1樓
　　　　　　E-mail: hkcite@biznetvigator.com
　　　　　　電話：(852) 25086231　傳真：(852) 25789337
馬新發行所／城邦（馬新）出版集團
　　　　　　Cite (M) Sdn. Bhd.
　　　　　　41, Jalan Radin Anum, Bandar Baru Sri Petaling, 57000 Kuala Lumpur, Malaysia.
　　　　　　電話：(603) 9057-8822　傳真：(603) 9057-6622　E-mail: cite@cite.com.my

封面設計／黃聖文
印　　刷／韋懋實業有限公司
經 銷 商／聯合發行股份有限公司　電話：(02) 2917-8022　傳真：(02) 2911-0053
　　　　地址：新北市新店區寶橋路235巷6弄6號2樓

■2016年（民105）11月初版　　Printed in Taiwan

定價350元
ISBN 978-986-477-146-2